U0021382

三主要道論

出離心、菩提心、空性正見

宗喀巴大師 造論

堪布慈囊仁波切 講解

目次

推薦序 1

　　《三主要道論》是至尊宗喀巴所著，成就解脫及一切智之深道，言簡意賅、總攝其要義，即為出離心、菩提心、空性正見。

　　此三要，如一切顯密修行的心、眼、命般，缺一不可，具備則足以成就佛道。不僅如此，此論亦為藏傳佛教各宗派相互圓融無違的總綱要。

　　本論宣說見解時可以解釋為中觀自續，也可以解釋為中觀應成，甚至可以解釋為密宗大圓滿密義，因此眾多新舊高僧大德，異口同聲讚歎此論為稀有難得之寶典。

　　在此具智、淨、賢三種功德者——堪布慈囊仁波切，為漢族信眾深入淺出地宣說此論，其內容整理出書，相信一定能開啟求法者們的新慧眼。堪仁波切對弘法利生的宏願及進精不懈，本人由衷尊敬及隨喜！

圖登諾布仁波切

推薦序 2

　　這是一本對修行人來說非常重要且值得閱讀的修行寶典，亦可以說是一盞明燈，當您看完了此書就非常清楚明白知道如何契入修行成佛之道。對欲求解脫輪迴的修行者來說更是不能不看。

　　此書之內容爲三主要道——出離心、菩提心、空性正見，若欲解脫輪迴缺一不可，三主要道是講修行的次第，也是成佛的主要道路。作者堪布慈囊仁波切在書中將內容及偈頌講解得非常仔細，爲了讓大家能明白正確的道理，他運用了許多的比喻，方便大家易懂實修，對修行者來說幫助極大。

　　三主要道論是法王如意寶晉美彭措在光明境界中親自得到宗喀巴大師的傳授，而仁波切擁有此清淨的傳承，且具有殊勝的加持。有祖師的口訣，修行的經驗，仁波切詳盡的解釋，對我們修行人來說，有如汪洋中的燈塔，指引您走上修行的正道，趨入成佛之路。

菩提三乘林佛學會

會長　王莎賀　合十

《三主要道論》

宗喀巴大師／造

索達吉堪布／譯

頂禮諸至尊上師！

我隨己力而宣說，欲解脫者之津梁，

諸佛經典精華義，一切菩薩所讚道。

不貪三有之安樂，爲使暇滿身具義，

勤依佛悅之正道，具緣者當喜諦聽！

無有清淨出離心，求有海樂無寂法，

貪執世間束縛眾，故當首先尋出離。

人身難得壽無常，修此可斷今生執，

無欺業果輪迴苦，修此可斷後世執。

修後於諸輪迴福，剎那不生羨慕心，

日夜欲求得解脫，爾時已生出離心。

倘若於此出離心，未以菩提心攝持，

不成菩提樂因故，智者當發菩提心。

思爲猛烈四瀑沖，難擋業索緊束縛，

困於我執鐵網內，無明黑暗所籠罩，

輾轉投生三有中，不斷感受三大苦，

成此慘狀諸慈母，是故當發殊勝心。

不具證悟實相慧，縱修出離菩提心，

亦不能斷三有根，故當勤證緣起法。

誰見輪涅一切法，永無欺惑之因果，

滅除一切所緣境，此人踏上佛喜道。

何時分別各執著，無欺緣起之顯現，

遠離所許之空性，爾時未證佛密意。

一旦無有輪番時，現見無欺之緣起，

斷除一切執著相，爾時見解即圓滿。

了知以現除有邊，以空遣除無有邊，

緣起性空顯現理，不為邊執見所奪。

如是三主要道論，自己如實通達時，

當依靜處而精進，速修永久之佛果。

此乃多聞比丘羅桑札巴（宗喀巴）對侄兒阿旺札巴之教言。

第一章

道前基礎

　　有句話說：如果動機是善良的心，依它而生的行為都是善，因此地與道都是善的；可是動機若是惡劣，無論所處何處、所向何方，都是惡劣的。所以，所謂的善業或不善業，純粹依賴於內心，因此在實修學習佛法之初，產生善的動機就變得至為重要。

　　同樣的道理，眾生怙主龍樹菩薩在《寶鬘論》中也提到：「不貪、不瞋、不愚癡，所行一切為善業，依於善業之威力，投生天人之善道。」如果我們在動機上沒有貪念之心，沒有憤怒、瞋恨之心，沒有愚癡，這樣的身體和語言的行為，外表上看起來也許是善或是不善或是無記，但是因為他的動機善良攝持之故，都會成為善業。因為是善業的緣故，感得的果報就會得到安樂，因此會投生在天人的善道。

　　「若依貪念、瞋恨與愚癡，所作皆為不善業，投生於惡道中受盡一切苦。」跟前面所說相反，如果動機是貪念、瞋恨和愚癡，所造作的行為便都是不善業。也許外表上看起來有假象的善業，不過因為動機力量的影響，實際上仍然要歸納在不善業裡。因為是不善業感得的果報，所以要投生在惡道，受盡許許多多的痛苦。

導師佛陀本生傳記中曾經談到，有一次他投生為擁有大悲心的商人，帶著五百名商人到大海中去取珍珠、珠寶，途中遇到土匪，打算把五百位商人殺死之後，奪取金銀珠寶。這個土匪名叫米那董空間。導師佛陀是船長，擁有大悲心，他了解到：「如果這個土匪把五百人殺死，首先，他會造下殺死五百人的罪業，因這個罪業一定要墮到地獄，受盡三惡道的痛苦；其次，五百位商人也會因他而死亡，並且失去財富，而失去他們的家庭會多麼痛苦、難過……這該如何是好呢？」

因此，船長產生了大悲之心，他想：「為了救這五百位商人，也為了使這個土匪不要遭受惡業，如果我把這個土匪殺了，造了殺生的業，就只有我一個人會墮入地獄。但是首先，我會救了五百個商人和五百個家庭；其次，因為土匪沒有造作罪業，所以不會墮入三惡道。」有了這種了解之後，船長就把土匪殺害了，但是他殺了土匪之後，反而累積了非常多劫的資糧。

從外表的行為來看，因為這是殺人的行為，所以是一個惡業；但是因為動機是屬於強烈的悲心，以悲心的威力攝持，因而轉變成為善業；且不僅轉變成為善業，而且是善業之中力量強大的善業，所以才能在很短的時間內，累積多生多劫的資

糧。正如前面所提到，善業或是不善業，主要是依賴內心的動機來做決定，而不是取決於外在的行為。

　　我們平常行善業時，例如聽聞、思惟或禪修，不論進行任何大大小小的善業，在進行之前，首先一定要反省自己的想法，內心的動機是善的動機、不善的動機、還是無記的動機？假設是不善的動機或是無記的動機，應當努力調整成為善的動機。例如菩提心的動機，如果有這種善的動機，之後來進行善業，這個善業才算是純正的善業。所以我們今天的教法聽聞以及講說，不管是聽聞者或講說者，首先都應當反省自己的內心有沒有產生煩惱之心。例如有沒有傲慢之心？有沒有瞋恨之心？這些是屬於不善的動機，應當把這個動機調整和改變。或是有無記的動機。無記的動機是什麼意思呢？就是沒有任何的原因和理由，因為別人去了，所以我就跟著去。內心沒有任何的想法，這種動機稱之為無記的動機。無記的動機應當要調整和改變。

　　接下來我們要提到調整和改變的方式是什麼，在行為上應當怎麼做。

正確的聞、思、修教法

當我們在講說和聽聞教法時，首先應分成兩項：一、調整自己的動機；二、調整自己的威儀。威儀是文言文，白話文就是指行為。

一、調整自己的動機

我們要了解，在進行教法的講說和聽聞時，內心一定會先有想法和看法，稱之為動機。動機應當要如何呢？首先要了解遍滿虛空的一切眾生，從無始輪迴以來到現在，從輪迴進入輪迴，在輪迴之中受盡無量無邊的痛苦。眾生全部都是如此，而受到痛苦的一切眾生，沒有不曾做過我的父母親的。佛陀薄伽梵曾經開示過，一切眾生都曾經是我的父母親，當這些眾生做為我的父母親時，跟我現在的父母親是完全一樣的。以前當這些眾生做為我的父親、母親時，總是給予我最溫暖的照顧、最大的愛心、最好的衣服和食物，這是無庸置疑的。因此，一切眾生對我而言可說是大恩浩瀚。

有些眾生在過去生中，曾經是我的兄弟姐妹、父母或子

女；在某些生中，有些眾生跟我是非常要好的朋友；或者在某一世中，有些眾生曾經是我的老闆，給我金錢、食物；或者曾經是我的功德主，給我許多的供養。因此，這些眾生或者這輩子對我有廣大的恩惠，或者上輩子、上上輩子對我也有廣大的恩惠，因為從無始輪迴以來到現在，我們投生了無量無數次，這些眾生在其中幾輩子曾經做過我大恩的父母親，或者曾經是我的子女，或者曾經是我的朋友，或者曾經是我的老闆，或者曾經是我的功德主，因此，這一切的眾生對我都有廣大的恩惠。

一切眾生都想要離苦得樂

但是對我有廣大恩惠如父母親一般的眾生，他們不需要的是什麼呢？他們像我一樣，不想要的是痛苦。他們希望追求的是什麼呢？也跟我一樣，希望追求的是快樂。可是，內心想要避免痛苦，就不會遇到痛苦了嗎？其實不是。想要把痛苦滅除，應當要了解痛苦的原因何在？痛苦的原因就是煩惱、三毒、五毒。然而眾生雖然不希望遇到痛苦，卻自然遭受痛苦，原因是內心產生煩惱、五毒，所以墮落在輪迴和三惡道中，受盡許多的痛苦。

內心雖然有想要追求快樂的想法，就能得到快樂了嗎？也沒有得到。因為快樂有它的原因，快樂的原因是善業，或是對教法的聞、思、修。眾生內心雖然希望追求快樂，卻不知道要累積快樂的因，相反的卻造作不善業。所以從無始輪迴以來到現在，不斷的投生在六道、惡道之中，受盡輪迴各種的痛苦。仔細思惟一切眾生對我有廣大的恩惠，但是又受盡各種的痛苦，自然要對這些眾生產生強烈的悲心。

我們應當要思惟，如何幫助這些受到痛苦逼迫的一切眾生，安置他們得到佛果，幫助他們離苦得樂，使他們得到解脫和究竟的安樂，這是我應該要做的。因此我要學習佛法，因為使他們得到安樂的能力，只有佛果才擁有，所以我要成就佛果。因此，我講說或是聽聞此教法之後，將其中的意義，配合內心來做實修、觀修，產生這種動機。

二、調整自己的行為

在威儀方面，分為應斷威儀和應行威儀兩種情況，也就是應該要斷除的行為，以及應該要做的行為。這兩種類型中，應斷的威儀分成三種類型，第一項是器皿的三種過失，第二項是

六種污垢，第三項是五種不執持（五種不應該做的行為）。

（一）應該斷除的行為

斷器三過

在講說和聽聞教法時，應當斷除如器皿的三種過失，稱之為「斷器三過」。三種過失是指：1. 耳不專注如器倒覆之過；2. 意不執持如器穿漏之過；3. 煩惱相伴如雜毒食之過。

1. 耳不專注如器倒覆之過

首先耳朵沒有專注，就好像器皿顛倒過來放的這種過失，稱之為耳不專注如器倒覆之過。這是指在開示的時候，自己的耳朵沒有專注在教法的詞句和意義上，內心渙散到其他的處所，因此不管講說者如何開示，開示得有多好，因為我們的耳朵沒有專注在佛法的詞句和意義上，因此沒辦法了解佛法的內容。就像一個碗顛倒過來放，那麼無論食物或是水，都無法裝進去；因為器皿是顛倒放的，就像我們的心思渙散，耳朵沒有專注，所以對教法的詞句和意義就無法了解、思惟。所以第一種過失稱之為耳不專注如器倒覆之過。

2. 意不執持如器穿漏之過

　　第二是意不執持如器穿漏之過。開示教法的時候，當然首先耳朵要專注的聽聞，但僅僅只是專注聽聞是沒有用的，應當要把詞句的意義牢記在心，好好的思惟。假設耳朵專注聽聞，但是內心沒有好好把詞句的意義記住，雖然聽過了，但是不會保留在內心裡。如果無法保留在內心，那麼僅僅只會得到聽聞的利益，卻無法去思惟法義，也無法去做實修，因爲已經忘記了，所以不會證悟佛法的內容。這個情況的比喻，就是如果器皿擺得非常的正確，食物和水也都能夠倒進去，但是這個碗底下卻破了一個洞，食物和水因此流失了，所以還是吃不到。一樣的道理，耳朵已經專注聽聞詞句和意義之後，無論如何務必保留在內心，好好的記起來，如果沒有做到，就是第二種過失，稱爲意不執持如器穿漏之過。

　　幾乎大多數佛經裡面，佛陀開示時一開始一定會講：「善聽、諦聽，意持於心。」這裡講的就是前面談到的內容，「諦聽」的意思就是：專注的聽聞，很眞實、確實的聽聞。就是要把耳朵不專注的毛病去除，應當耳朵專注，而且好好的記在內心裡來聽聞，所以叫做「善聽、諦聽，意持於心」。「諦聽」

就是耳朵專注，「意持於心」就是好好的記在心裡面，對於佛
法的詞句、意義，耳朵聽的時候應當謹記在內心之中。

3. 煩惱相伴如雜毒食之過

　　第三個過失是煩惱相伴如雜毒食之過。「雜」是指複雜的
參雜。煩惱相伴在一起，好像參雜了毒藥的過失。這是指在聽
聞教法的時候，內心有貪念、瞋恨等念頭，或是內心產生了比
較、忌妒、傲慢之心，伴隨了這些煩惱來學習教法，就不能算
是正確的學習方式。因為所學到的法跟煩惱混合在一起，這
個法就不純淨了。法因為受到煩惱干擾之故，變成在內心不純
淨，會顛倒錯亂。這個比喻就好像是說：這個器皿如一個碗，
放得非常端正，裡面也沒有破洞，因此把水和營養的食物放到
裡面去；但是假設碗裡面本來已經放了毒藥，那就不能吃了。
碗擺得很端正，食物也能裝進來，也沒有流失，但還是不能
吃，為什麼呢？因為裡面有毒藥，吃了只會中毒而死，沒有其
它的利益。

　　因此聽聞教法的時候也是如此，首先耳朵要專注的聽聞，
就好像碗擺好了一樣；其次要將教法記在內心裡面，就好像碗

沒有漏洞；接下來應當要有善的動機，不能讓煩惱相伴，就好像碗裡面不應該有毒藥一樣。所以岡波巴大師曾經講過：「法不如法而行，法爲墮入惡道之因。」實際上，佛法不會讓我們墮入惡道，不過在學習佛法時，如果不是按照學習佛法的方式來學習，譬如說參雜了三毒、五毒、煩惱等，就會因爲煩惱的力量，導致我們墮入三惡道。所以岡波巴大師才說：「法不如法而行」，法沒有按照法的方式來行，就會墮入三惡道之中。

六種染垢

以上是斷除器皿的三種過失，接下來是應斷除的六種染垢、污垢，就是傲慢之心、不相信、沒有熱切追求、心思渙散、緊張及憂慮之心。

1. 傲慢之心

聽聞教法時，首先應該要斷除的污垢是傲慢之心。傲慢之心指的是在聽聞教法時，認爲就這個教法而言，非常簡單；對於開示教法的上師或是聽聞的法友，認爲我比他們懂得更多，自己更加的殊勝、優秀。如果有這種想法，就稱爲傲慢之心。

這是第一個污垢，應該要去除。因為驕傲的高山留不下功德的
水。譬如一個人如果有傲慢之心，他就不會去學習，內心的功
德也就不會增加。又譬如一顆鐵球，如果將水滴到鐵球上，水
會不會停留在上面呢？不會，一定會流失，就像高山上的雨水
都會往山下流一樣。這就是傲慢之心的緣故，應當要斷除。

2. 不相信

第二個污垢是不相信，也就是沒有信心。這是指對於教
法、上師、聽聞教法的法友，內心都沒有產生信心。對於正法
方面，我們應當要有信心，這是相信心；其次對於開示教法的
上師、法友，我們應該有親近的信心，這是親近心；對於教法
實修的部分，產生熱切的追求，這是欲求心。三種信心——相
信心、親近心和欲求心，都應該要齊備。

總之，如果沒有信心想要追求教法，善的功德就不會在內
心產生，因為根本不相信就不會去學習，功德自然也不會產
生。所以，佛陀在佛經中開示：「無信之人，何生功德？火焚
種子，何生綠苗？」如果一個人的內心沒有信心，怎會產生功
德呢？譬如一顆種子，已經用火燒過、燒焦了，把它種到田

裡，不管怎麼灌溉施肥，能不能長出綠苗呢？不可能。所以說
「無信之人」內心沒有信心，怎麼會產生功德呢？火焚燒過的
種子，怎麼會長出綠苗呢？

　　所以應該要將「沒有信心」去除，而對教法產生相信的信
心，對上師、法友產生親近的信心，對法的實修要有熱切追求
的信心。

3. 不追求

　　第三個污垢是不追求，也就是沒有熱切追求的想法。如果
沒有信心，就不會想要熱切追求；已經產生信心之後，對於教
法的實修就要熱切的追求，為什麼呢？因為相信了之後，內心
沒有熱切的追求，就不會去實踐，不會去進行聞、思、修。如
果內心產生熱切追求的想法，就會精進努力的聞、思、修。

　　譬如佛陀導師薄伽梵在學習教法時，僅僅只是為了四句
偈，都可以捨棄他的頭、手、腳，熱切追求教法的意義，因
此成就了無上正等正覺圓滿的佛果。我們也應當如此，在講
說和聽聞教法時，並不是「因為無所事事，所以我去了」，或
者「今天剛好沒事，我就去聽了」；也不是跟著別人走，「因

為他邀我一起去，我就去了。」不是這種理由，而應當是出於自己內心深處重視教法，所以產生熱切追求的想法，努力去學習。

4. 心思渙散

　　第四個污垢是心思渙散，也就是心思渙散在外面的對境。聽聞教法開示的時候，身體雖然在這裡，可是心思卻到處閒逛，已經渙散掉了，這樣就無法了解詞句以及內容的意義。所以在聽聞教法時，應該將我們身、語、意三門緊緊繫在一起，完全專注在法的詞句和意義上，如此來做學習，要完全避免心思渙散。

　　西藏有一位上師的傳記，裡面談到這樣的事蹟：這位上師有一點神通，有一天在講經開示之後，就跟某位弟子說：「因為你對這個教法的頭尾不齊備，法的緣起不好，而且你昨天沒有來，所以你明天就不能來聽法了。」這位上師也跟糾察師說某弟子如何如何。糾察師便告訴這位弟子，上師是這麼說的。弟子就報告糾察師說：「可是我昨天有來參加，而且就坐在上師的前面。」糾察師說：「是啊，是啊，我想起來了，這個人

確實坐在上師前面。」便去跟上師報告：「有啊，這位弟子昨天有來參加，沒有頭尾不齊備啊！而且他就坐在上師的前面，所以他明天還是可以繼續來聽法。」

上師就說：「不是，不是，他昨天沒有來上課。他昨天是身體來上課，可是心沒有來。我是對心講說教法，他的身體是坐在最前面沒錯，可是心沒有帶來，忙得很，有很多事情。」糾察師搞不懂，只好回去告訴這個弟子，弟子想了想說：「對，對，昨天我聽聞教法的時候，因為心裡面掛念著很多事情，以致心思渙散，一下想這個事情、一下想那個事情，果然跟上師講的一樣。」因此他就到上師那裡去懺悔。

就像這種情況，聽聞教法時應該身心配合在一起，好好的專注在佛法的詞句和意義上。當然，不僅在講說和聽聞教法時應該如此，在我們日常實修教法時，做任何善行、課誦、修法的時候，都應當如此，應該要三門合一專注來做實修。

5. 緊張

第五項是緊張、緊繃，就是內心對於學習教法太過緊張，導致內心沉重、昏暗。前面提到心思不要渙散到外在的對境，

應該專注在詞句和意義上；除此之外，內心應該很寬坦、輕鬆，不能夠太過緊繃，因爲如果太過緊張，內心就會覺得很沉重。

6. 憂慮

第六個污垢是憂慮，也就是憂慮之心。憂慮之心的意思是指在聽聞教法時，例如才剛開始聽，就擔心這個課會不會講太久？我坐的會不會非常勞累？上課的時候會不會太冷或太熱？聽法是不是非常辛苦？或是心裡想著我的一些疾病如何如何，是不是沒有辦法聽聞教法？這是指在聽法時，內心忐忑不安，有憂慮之心。如果以忐忑不安的心來聽聞教法，會沒有什麼效果，這種憂慮之心應該去除。

那麼應當怎麼做呢？首先要想一想，就現在的情況，世界上最難以得到的暇滿人身寶，我已經得到了；最難以聽到的佛陀的正法，我已經聽到了；最難以見到的具德上師善知識，我也見到了。難以得到、難以聽到、難以見到的，我都能齊備了，爲什麼？這絕對不可能無緣無故從天上掉下來，而是因爲很久以前的往昔，我廣行各種的善業，累積廣大的資糧，好好

的迴向發願，因爲這些願力和以前廣行善業累積強大的資糧之
故，產生了成效，所以今天我有這麼好的福報，能夠得到人身
寶、能夠聽聞正法、能夠遇到具德上師善知識。這些全都是自
己以前辛辛苦苦、多生多劫努力行善業，累積廣大的資糧，還
有廣大地發純正的願望，才有今天這種成效和機會。所以想一
想，今天有這個機會是多麼難得，是自己多生多劫的努力，應
該從內心產生強烈的喜悅，雀躍萬分的聽聞教法。

西藏有一位非常重要的上師，名叫拉拉雀住，有一次在講
解極樂祈願文時，開示說：「在聽聞教法的時候，一定要非常
的小心謹愼，內心不能夠產生難過之心，尤其是有憂慮之心，
這個部分一定要謹愼，爲什麼呢？因爲如果內心痛苦萬分，或
者是以憂戚、憂慮之心來聽聞教法，就會感得果報，下輩子不
會遇到佛法，那是非常嚴重的。」

聽法的時候，若覺得自己內心很痛苦；或聽聞教法時，內
心非常憂慮，等於是非常接近捨棄佛法的重罪。捨棄佛法是很
嚴重的罪，而上述這種情況已經很接近了，所以把這種想法去
掉是非常重要的。如果我們聽聞教法時，內心覺得很痛苦或者
很憂慮，就會產生一個果報——下輩子不會遇到佛法。因爲內

心感覺佛法不好，所以不會遇到佛法。如果聽法的時候，內心很痛苦、很憂慮，還不如告假先到外面去走一走，因爲如果在裡面聽法，內心卻沒有信心，覺得很痛苦、很憂慮，這會累積嚴重的惡業，下輩子不會成爲緣起，不會遇到正法。

五種不執持

聽聞教法的時候，有五種不執持也是應當要避免的，分別是：只有吸收佛法的詞句而沒有吸收它的意義；只有吸收意義而沒有吸收它的詞句；詞句和意義吸收的時候上下顛倒錯亂；或者是詞句和意義都沒有吸收，不了解教法的內容；或者是對詞句和意義的內容產生誤解，或有認識但是對內容產生誤解，就是這五種情況。

1. 持文不持義

持文不持義，或執詞而失意，是指把能夠詮釋的詞句，非常優美、喜歡的就記住了，但是卻忽略了其中所要表達的意義。也就是說，法的宗旨已經喪失了。我們所要修的法，其意義是靠詞句來表達，但詞句所表達的是法的意義內容，現在卻

把宗旨意義丟掉了，當然是不可以的。

2. 持義不持文

其次，持義不持文，是執意而失文詞，也就是吸收法的意義，卻失去了它的文詞。這也是不應該的，因為重視所詮釋的意義宗旨，把它記住了，但是卻丟失了詞句。這種不執持不可以的原因是：意依於詞，以詞明義。法的意義是要依靠於詞句之上，但是我們怎麼了解法的意義呢？應當要以詞明義──用這個詞句去了解、闡述這個意義。所以現在我要記住詞句的意義，但是如果忘失文詞，就沒有辦法進一步說明以了解法的內容，因此應當把詞、義這兩者都好好的記住。

3. 未領會而持

佛陀教言的內容分為「了義」和「不了義」。佛陀開示的時候，會根據弟子的種姓、根器、內心的喜好、意樂等部分來做開示，所以佛陀開示時的方法，有各種各類非常多。還不知道這種區別而要去了解佛法，並無法了解佛法。因為對於教法、法義的內容，到底是「了義」還是「不了義」，不能夠分

辨清楚；佛陀是針對什麼情況而開示，也無法分辨清楚。如果是這樣，就無法了解佛語的主旨意義到底在講什麼，所以沒有辦法產生正確的了解，這也是錯誤的。

4. 上下錯謬而持

記住佛法的意義之後，卻把順序顛倒錯亂了。佛陀開示的教法一定有次第，次第就是順序，如果把次序顛倒錯亂，是完全不可以的。因為沒有按照次第，就不能了悟教法的內容，所以應當要按照正確的次第學習。舉例而言，佛陀開示教法，學習佛法應當是聽聞、思惟、禪修，也就是有聞、思、修這個次第存在；現在把次第搞錯了，我先做觀修、然後思惟、之後聽聞，這就是顛倒錯亂，是不可以的。

5. 顛倒而持

是對詞句和意義的內容產生誤解，或知道卻理解錯誤，這也不可以。聽聞佛法時，應該正確了解其意義。若有理解錯誤的地方，就必須立刻改正。例如解釋萬法無常卻了解成有常，將一切萬法是無常的，誤解成一切萬法是有常的，這當然是很

嚴重的錯誤。

　　以上就是聽聞教法時應斷的威儀：斷器三過、六種染垢，以及五種不執持。

（二）應該要做的行為

　　聽聞教法時應當怎麼做才對呢？應行的威儀是：依於四想、依於六度波羅蜜、依於其他威儀等三個項目。

依於四想

　　依於四種想，出於佛陀《華嚴經》的開示：聽聞教法的時候，於己做病人想，於上師做神醫想，於法做仙丹妙藥想，勤勉實修當作疾病就要痊癒想。

1. 於己做病人想

　　首先對自己做病人想。我們在輪迴之中，由於已經有業力和煩惱的病，導致我們在三界輪迴裡不斷的流轉；由於業力煩惱在輪迴中產生各種痛苦的果，都是疾病，所以，業力煩惱以及輪迴的痛苦都是我們的病，所以自己確確實實就是病人。

2. 於上師做神醫想

如果我現在要脫離這些疾病，要怎麼做呢？例如治病就應當看醫生，同樣的道理，醫生之王就是佛陀薄伽梵，以及追隨佛陀薄伽梵實修、開示教法的上師善知識，我們依於他們所開示的教法，能夠脫離輪迴的痛苦，所以他們是神醫。因此要把自己當作病人來想，把上師善知識當作神醫來想。

3. 於法做仙丹妙藥想

如果要去除疾病，僅僅看醫生是沒有用處的，因為要靠醫生看過病之後給正確的藥，靠這個藥才能把病治好。同樣的道理，在輪迴之中，我們已經有煩惱、業力、輪迴的苦，這些都是病，如果我要把這個病去除，僅僅有善知識是不夠的，善知識接著要開示教法，教法才能夠治療輪迴的病。所以開示教法就好像是醫生給的藥一樣，應當把法當作仙丹妙法來想。

佛陀曾經開示過：「我示解脫道，解脫依於汝。」意思是，佛陀說：我的責任是根據弟子的種姓、根器能力，開示各種解脫的方法。但是弟子聽聞之後，能不能因此得到解脫呢？要靠的是什麼呢？要靠自己啊！弟子按照這個道路做實修，得

到解脫；不按照這個道路，就不會得到解脫。所以如果弟子不按照這個道路做實修，佛陀也無計可施。因此「我示解脫道」，我開示解脫道；「解脫依於汝」，解脫與否則是依於你自己。同樣的道理，我們現在有業力、煩惱的疾病，為了把疾病治好，首先要依於如神醫的善知識，接下來則要靠善知識所開示的教法，就像仙丹妙藥一樣。

4. 勤勉實修做病癒想

其次，醫生給了藥之後，我們的病是不是就治好了呢？不是的，還要吃藥。藥只是放著並沒有用處，在病還沒有痊癒之前，醫生開的藥要按時吃，日常的起居作息也要配合醫生的指示來進行。同樣的道理，現在我們在輪迴裡受業力、煩惱、六道的各種痛苦，之後依止善知識，善知識也為我們開示了正法，但僅僅只是如此，還沒有效用，應當長久按照正法努力做實修。所以勤勉實修當作病癒想，當作我的病就要好了，要依這種想法來學習。

依於六度

　　第二項是依於六度。依於六度波羅蜜是在續部裡面所談到的，了悟一切教誡續，如理聽聞教法，應當在威儀方面齊備六度。

1. 布施波羅蜜

　　如何用六度波羅蜜來聽聞教法呢？首先在聽聞教法的時候，對教法的開示者，或是佛經、佛像、佛塔、典籍，供養花、供養香，屬於供養部分，這是第一個布施波羅蜜。

2. 持戒波羅蜜

　　聽聞教法的時候，對於學習教法的場所、處所，應該要打掃乾淨，佈置得美麗、賞心悅目。聽聞教法時，要約束自己的身體和語言，不要做不善業的行為，這是屬於持戒波羅蜜。

3. 安忍波羅蜜

　　在聽聞教法的時候，譬如天氣的冷熱或者身體上的一些疾病、勞累，都要忍耐且不顧惜這些，以熱切追求的態度來聽聞

教法，這是安忍波羅蜜。

4. 精進波羅蜜

在聽聞教法的時候，身、語、意三門專注在佛法的意義上面，內心感到喜悅，這是屬於精進。聽聞教法的時候，無論如何內心一定要非常的喜悅。「精進」是什麼意思呢？我們說：「這個人非常精進。」意思是指他的身體、語言都做得非常勞累、非常勤奮。勤奮努力的去做，就稱為「精進」。

不過在《入菩薩行論》中的定義倒不是如此。寂天菩薩在《入菩薩行論》裡面界定「精進」，精進的本質稱之為「於善生喜」——對於善業產生喜悅。所以「精進」是指：內心對於善業感到非常喜悅，這種喜悅稱之為精進。所以內心對於善業感到喜悅的情況之下，身體和語言去進行這個善業，就稱為「精進」。

又譬如我們看外道，斷食好幾天，或者身體做各種苦行，非常的勞累，我們以為這個稱之為精進。不過在內道佛法中，這不能稱之為精進，這不是內道所談到的精進或是精進波羅蜜。因為精進的本質是喜悅，在喜悅的情況下，身體和語言不斷的去進行善業，才能稱為精進。所以非常勤奮的學習善法，

內心感到很喜悅，稱之爲精進。

5. 禪定波羅蜜

在聽聞教法的時候，非常專注在詞句和意義上，心思沒有渙散，這就是禪定波羅蜜。

6. 勝慧波羅蜜

聽聞教法、講說教法的時候，內心仔細去思惟，抉擇其中的意義，同時把不了解、誤解的部分排除，不懂的地方要請教上師、跟法友互相討論，分辨清楚教法的涵義，這是屬於勝慧波羅蜜。

這是依於四種想和依於六度波羅蜜，接下來要說明第三項依於其他威儀。

依於其他威儀

依於其他威儀就是很多細小的項目了。我們在學習聽聞教法的時候，應當像前面所提到的，把自己的動機、威儀行爲好好做一番調整。

1. 利他

前面所講的動機和威儀之中，就動機而言，最主要是利他的想法，也就是要安置一切眾生得到佛果。爲了利他之故，因此我來進行聞、思、修，要以此作爲最主要的動機。

當然，正如我們的動機一樣，在正式實踐時，也應當是如此。總之，爲了利益眾生之故，因此我要成就佛果，所以來學習佛法。

2. 遵循正確的法教

如果要得到佛果，應當有一個成佛之道，要按照這個道路來做實修。現在我不按照這個道路，想無緣無故就成就佛果，那是絲毫不可能的。

要證得佛果，一定有成佛的道路，還有實修的方式。所以首先要了解實修的方式，如果不能夠了解實修的方式，無法進行實修，也就不會成就佛果。要成就佛果，首先需了解關鍵取捨的要點，按照這個取捨的要點努力去做，才能夠成就佛果。古魯仁波切曾經說過：「比起實修而言，實修的方式更加重要。」要做實修的時候，首先要了解實修的方法是什麼？如果

不了解實修的方式，就立刻去做實修，不僅辛苦勞累，連自己所實修的法是否純正都不知道，自然不會有成效。

　　有些人對於佛法非常有信心，也努力做實修，一生辛苦勞累，但是對於佛法實修的方式是什麼並不了解，因此浪費了很多時間在實修上，卻沒有什麼成效，這種例子很多。所以我們應當避免這種情況，我們要實修，首先要對實修的方式有正確的認識。

3. 依於上師、善知識

　　岡波巴（即達波仁波切）曾經開示道：「如果今天想要實修佛法，明天立刻就要去尋找上師。」意思是指，當我們的內心想要做實修時，首先應重視的是實修的方式，而想要知道實修的方式，當然要依於上師、善知識來作開示。所以，當我今天想要努力做實修，馬上就要去依止上師、善知識，聽聞實修的方式是什麼。

4. 正確的聞、思、修

　　佛陀開示教法，也開示趣入佛法的方式。先聽聞，內心思

惟之後再禪修，也就是按照聞、思、修來進行。

在聞、思、修之中，對我們而言，首先應當重視的是什麼呢？聽聞。如果聽聞不好的話，後面的思惟、實修也不會好。原因何在？因為當我們要做觀修時，「修所生慧」的基礎是前面的「思所生慧」，「思所生慧」的原因基礎是前面的「聞所生慧」。因此禪修的因是思惟，思惟的因是聽聞，而沒有因怎麼會產生果呢？沒有前面的因，便不會有後面的果。所以沒有聽聞，之後說要做思惟、做觀修，那是不可能的，因為無因不可能生果，所以，聽聞是極為重要的。

佛陀在佛經裡曾經開示過：「聽聞為除暗燈」，聽聞就好像明燈一樣，能夠驅除黑暗。「聽聞為殊勝財」，聽聞是不會被土匪、強盜搶走的，也不會被火燒掉，更不會失去，是最殊勝的財寶；聽聞是無盡的寶藏和地下所埋藏的無盡礦場。「聽聞是摧滅敵人的厲害武器」，聽聞教法能夠把無明、煩惱直接徹底消滅，所以聽聞是摧滅敵人的武器。聽聞成就佛果的方法，當然是要從上師、善知識這裡來知道，所以首先要廣大仔細聽聞是極為重要的。

佛陀也開示：「多聞一切功德基」，廣大的聽聞是一切功德

的基礎，所以應先聽聞。一定要先廣大的聽聞，對於佛經典籍、佛學大博士所寫的論典，一定要廣泛的學習，這是很重要的。

　　正如前面所談到的，自己的禪修要做得好，首先要廣大的聽聞。因為佛經裡面有談到：「無聞而觀修，如空手爬懸崖。」如果沒有廣大聽聞，就冒冒失失的立刻去做禪修，就好像是沒有手卻要爬懸崖一樣，當然是非常危險的事，也是不可能的。因此如果觀修、禪修要做得非常好，無論如何一定要先廣大的聽聞。

　　文殊怙主薩迦大博士是西藏非常重要的一位上師，對於五明學術都極為專精，他說：「不學而得遍知果位是絲毫不可能的。」因為這樣的話，不就沒有業力因果了！對於佛法要廣大的學習並且要專精，之後來成就佛果，佛果就是佛陀的一切智。佛陀的一切智── 剎那能夠了知一切萬法，所以稱為一切智。佛陀的一切智，從何而來呢？會不會無緣無故產生呢？當然不會。因為由因產生果，沒有因便不會產生果。認為不必學習而又能得到遍知，那就是不相信業力因果。沒有因竟然會有果產生，當然是不可能的，所以佛陀的一切智，因從何來？就是廣大聽聞啊！

　　十世彌勒也曾經提到過：「不精通五明學術，不能夠了解一切萬法，很難成就佛果。」如果不好好專精五明學術，就算是菩薩，將來也不會成就佛果。對於五明的內容，所知的一切萬法，例如證得佛果的方式、利益眾生的方式，應當廣大的去聽聞，達到專精；專精之後，才能專注的學習，成就佛果。所以專精的學習，就是指廣大的聽聞。

　　同時當我們要利益眾生時，應當要了解眾生的種姓、聰慧、根器，還有他們內心的渴求、欲樂等，這些都是因人而異、非常不同的，所以一定要順著眾生的情況來教導。如此，對於眾生的這些情況，我們需要廣大的聽聞學習，才能夠知道眾生的情形是什麼樣子。自己實修佛法時，首先要了解我所修的法到底正不正確，也就是應當要修正確的法；想要觀修正確的法，應當對法有如理正確的了解；想要對法有如理正確的了解，首先還是要聽聞。所以想要利益眾生，需要廣大聽聞；想要利益自己，也要廣大聽聞。自利或利他都要廣大的學習佛法，以及廣大的聽聞。

　　對於初學行者，以學習佛法的心而言，聽聞是相當重要的。對於資深的實修者，聽聞佛法的學習，也是相當的重要。

就初學行者而言，實修的方式是什麼？佛法的內容有哪些？這些廣大聽聞了解之後，再付出行動去做實修，是非常重要的。就算是資深的實修者，對於佛法也聽聞了，也做實修了，累積了很長時間的經驗，在這種情況下，聽聞佛法後也一樣要進一步去學習，這對資深的實修者而言更加重要。

　　對年紀輕的人而言，聽聞佛法更是重要，因為廣大聽聞是利他和自利之基，而利益眾生和利益自己的基礎，都是廣大的聽聞。有句話說：「現在廣大聽聞，就算這輩子沒有成為佛學博士，下輩子也會成為佛學博士！」絕不能認為自己老了，廣大聽聞沒有用處。有些人說：「我年紀大了，沒有辦法聽聞佛法，不能夠學習佛法的內容、知識。」不僅在西藏有這種情況，台灣和許多國家也都有這種例子。

　　我們都相信業力、因果，也相信一定有佛果，一定有解脫的果位，並且熱切的追求。因此既然相信，不管自己是年輕或是年長，實修聽聞教法都非常重要。既然相信業力、因果，相信有下輩子，現在廣大聽聞，即使年紀已經很老了，可是我廣大聽聞，雖然這輩子不會成為一個修行大學者，也不會成為一個佛學博士，可是下輩子我學習佛法會非常容易，一聽就了

解，很容易就成爲一個專精的修行者。就好像把錢放到銀行裡，明年、後年再領出來，是理所當然、一定可以得到的！

　　其次，一般來說，我們學習佛法時，聽聞思惟本身就是一種實修，也是一種禪修，爲什麼呢？因爲我們心中不明白的地方、顛倒了解的地方、猶豫不決的地方，或者是內心的貪、瞋、癡三毒煩惱，都能夠逐漸去除，就這一點而言，就是實修。因爲內心沒有調伏，使它調伏；內心有很多煩惱，使煩惱逐漸減少；內心沒有寧靜止息的，慢慢變得止息；內心本來顛倒錯亂的，使它變成正確，這就已經是實修了。譬如我們身體和語言的善業，如繞塔、拜佛或是課誦佛經，非常眞實的去做。這些身體和語言行爲，對內心造成的改變雖不是很大，但是當我們聽聞開示、聽聞教法的內容，日積月累之下，內心的煩惱會逐漸減少，內心也逐漸調伏而寧靜止息了，顛倒錯亂的地方也糾正過來變成正確了。實際上，這是因爲廣大聽聞之故，了解教法的道理，內心自然會逐漸寧靜止息。這就是一種實修。

　　同時，將煩惱去除的對治方式，也是聽聞和思惟，或者說我們的內心要產生信心、悲心、慈心、菩提心、空性的證悟，

最重要的輔助條件也是聽聞和思惟。譬如我們應當對三寶產生信心，如果我們聽聞佛法之後，了解三寶的功德是多麼殊勝，自然就很容易產生強烈的信心。而且了解佛法的道理，就不能說是迷信了，因為了解佛法的道理，知道原因何在所產生的相信，是非常明智、理智的相信，不能稱之為迷信。能夠了解佛法的內容與道理，是因為聽聞而知道的。

　　或說慈心、悲心、菩提心、空性是什麼呢？內心要產生這些功德的話，首先應該聽聞思惟，去了解其涵義到底是什麼？如果對於慈心、悲心、菩提心、空性的內容有所了解，產生堅決的確定和定解，內心非常明白了解，就知道慈心、悲心、菩提心、空性的內容是完全正確無誤的。為什麼這些內容是正確無誤的呢？因為我聽聞了，了解道理何在，所以知道是正確無誤的。因此知道慈心、悲心的觀修，不是自己做白日夢，不是胡思亂想。因此當我要做禪修的時候，會更加容易，禪修的效果也會更加明顯。如果我想要淨除煩惱，對治的方式是要靠聽聞和思惟；如果自己要觀修、禪修，最好的輔助方式也是聽聞和思惟。所以無論如何，聽聞與思惟都是至為重要的。

　　又譬如「信心」，是指對佛有信心。例如一個了解佛的功

德的人，和一個不了解佛的功德的人，都對佛產生信心。從外相上看，這兩者對佛的信心完全一樣，沒有什麼差別。可是日積月累之後，信心堅不堅定，是不是由正確的道理來引發信心，將來會有天壤之別。所以從前面的了解，我們可以非常肯定聞、思是相當重要的。

正如我們現在所談到的動機和威儀，好好做調整之後，接下來就要講解課本的內容。

聽聞的利益

現代人對於聽聞（聞法、聽聞），好像有一些誤解，認為聞法、聽聞沒有什麼利益可言，反而覺得誦讀佛經、念誦咒語、頂禮、繞塔才算是有利益。這種誤解大概是把聽法當做好像在學校裡讀書一樣，這對聽聞、聞法，可能是有了一些誤解。實際上，聞法算是實修中的一個項目，而且聽聞法的功德利益是不可思議的。佛陀也在佛經中談到：「有漏法的善業之中，沒有比聽聞更加殊勝的了。」所以我們聽聞佛法的時候，正如前面所提到的，調整自己的動機和威儀來聽聞佛法，那是

最殊勝的利益了。因為這樣的聽聞，六度波羅蜜也都包括在裡面，所以當然非常有必要，利益也非常廣大。

同時也可以在聽法當中，逐漸的實修菩提心。同樣的道理，也可以在聽聞教法之中修持空性的意義，其利益當然是不可思議的。

但是聽聞教法的時候，所聞法的對象必須是佛語以及論典。應當是純正的佛語、純正的論典、純正之法，這也很重要。

因此，我們現在所要進行的聞、思的對象，就是文殊怙主宗喀巴所寫的《三主要道》這部論典的講說以及聽聞。

什麼是三主要道？

出離心、菩提心以及空性見地，是道路裡面最主要的三個項目，稱之為「主要三道」。為什麼是道路之中主要的三個項目呢？這是因為佛陀針對解脫和成就佛果，開示了很多的道路，在這麼多的道路之中，其中的關鍵要點是能夠聞、思、修一切教法，所謂棟樑、砥柱、精華、最為重要的關鍵，就是這三個項目，也就是出離心、菩提心與空性的見地，因此是道路

之中最主要的三個項目，稱爲主要三道。

爲什麼是最主要的道路？

爲什麼這三個項目，是一切道路的砥柱、根本、棟樑？因爲一切的善業如果有出離心予以攝持，就會成爲解脫的因；如果有菩提心予以攝持，就會成爲得到究竟解脫一切智的因；如果有正見存在的話，就會成爲輪迴的根本過失——無明煩惱的對治，因此這三者可說是一切道路的命脈。

如果不具足主要三道而有所欠缺，所做的任何善業、不善業、或任何的實修，都會成爲墮落輪迴的因，引導我們投生在輪迴裡面，是投生輪迴的道路；除此之外，任何的實修都不能成爲解脫的道路。

業的類型與三主要道的關係

我們所造作的業，可分成三種類型：第一種非福德業，這是指不善業；第二種是福德業，這是指善業；第三種是不動業。

1.非福德業：就是不善業。造作這種業是投生在三惡道的因。

2. 福德業：就是善業，例如布施、持戒、安忍等。如果做福德業、善業的時候，欠缺前述所講的三主要道，這些善業只會變成我們投生在欲界、天道、人道的因。

3. 不動業：是等持禪定的觀修所增長的業。如果修等持禪定時，欠缺出離心等三個主要道路，只會成為投生在上二界的因，即色界、無色界。

前面所講的業分成三種類型，任何一種業若欠缺主要的三種道路的話，則有些業是投生在三惡道的因，有些業是投生在上二界的因，除此之外，沒有任何一項是脫離輪迴的因，沒有任何一項是脫離輪迴的道路。

三主要道的重要性

在得到解脫的道路之中，最主要者是出離心。要成就佛果一切智的果位，能夠得到的道路，最為主要的是菩提心。而想要得到解脫，或者是一切智的佛果，無論如何一定要脫離輪迴，也就是斷除輪迴；想要斷除輪迴，應當要把無明、我執、煩惱滅除才能夠達成；想要把無明、我執、煩惱淨除，最為殊

勝的方法，當然就是空性見地。因此，出離心、菩提心和空性正見是一切道路之中最爲主要的道路，所以才稱之爲主要的三個道路。

此外當我們實修佛法時，最重要的也是前面所講的三個主要道路。首先，我們應當「心向於法」，亦即內心要產生出離心。其次，「法向於道」，道是指大乘的道路，主要是依靠菩提心，所以要成爲大乘的道路，當然主要就是要靠菩提心。再其次所修大乘的法，要把兩種蓋障全部消滅掉，所不能夠欠缺的對治方法，就是正見，亦即空性正見。因此，我們要得到解脫，要成就佛果，所實修的佛法中，完全不能欠缺的，最爲主要仍是這三個道路。

如果在我們內心沒有產生出離心、菩提心、空性正見，那麼不管我們如何精進的努力實修、觀想、誦經、拜佛，這些都只能當做是投生在輪迴的因，這是必然的、是非常肯定的。而且這些實修、觀想等行爲只能當成世間法，不能算是出世間法。可是如果有這三個道路來攝持實修，不管所做的是什麼觀想、實修，這個實修一定是正確的。而且這個觀想、實修一定是脫離輪迴的因，而且必定是能證得佛果的因，同時也能成爲

煩惱、我執、無明的對治。所以，心到底有沒有向於佛法？或者所修的法算不算是大乘的法？所修的法能不能成為我執的對治？主要就是靠這三個項目。我們在做實修的時候，到底算不算在修法，算不算在做實修，就靠這三個主要項目。所以出離心、菩提心、空性見地才會被稱為主要的三個道路。

第二章

前行——趣入論典

　　三主要道分成三部分來講解：首先是前行的趣入論典，其次是正式說明論典，最後是結行的段落。

　　趣入論典的分支，分成三項：一、供讚文，二、撰寫誓言，三、鼓勵聽聞。

一、供讚文

　　供讚文，即供養的禮讚文，也就是寫一段禮讚文做為供養。

供讚文的必要性

　　首先撰寫禮讚文來供養前賢聖者。寫書的作者要寫一段讚頌文，先讚頌一下往聖先賢。這樣做的必要性何在呢？龍樹菩薩曾經講過一個頌文，裡面談到以禮讚文來供養往聖先賢是必要的。首先這是進入論典前的準備，也就是前行的分支；其次靠著供讚文的供養，撰寫的這個行為，讓這本書能夠寫完；再來是一個實修佛法的人閱讀這部典籍，希望他的障礙能夠淨除，這部典籍也能夠廣大的利益眾生。

　　就論典而言，第一個必要性是，供讚文是進入論典的前行

分支。因為如果在正式的文章之前有禮敬，有一個讚頌文來禮拜前輩往聖先賢，其他讀這篇文章的人看到作者對往聖先賢如此的尊敬、有信心，會認為作者是一位正信之人，想必他寫出來的文章應該也是正確的文章。所以在文章前面應當要有一個供讚文，這是必要的。

其次，為什麼要寫這部論典，以及用論典來利益眾生，在這兩個項目上也要有供讚文。因為作者先禮拜前賢聖者，做一個讚頌文讚頌往聖先賢，所以他會積聚廣大的福德資糧。佛陀在佛經裡開示：「有福之人心願成」，意思是有福報的人心願就能實現。因此靠著供讚文的緣故，積聚廣大的福德資糧，想要弘揚教法，利益眾生，希望能把這本書寫完，這是撰寫禮讚文、供讚文的必要性。

供讚文的對象

供讚文的內容是什麼？禮拜、禮敬的對象有哪些？我們來看看禮讚文的對象。

頂禮諸至尊上師！

　　頂禮的對象是往聖先賢、上師、善知識。「諸至尊上師」的意思，是從導師佛陀薄伽梵開始，護法的七代祖師，託付教法的七代祖師，還有大乘中甚深傳承的文殊菩薩、廣大行德的彌勒菩薩、南瞻部洲的二聖六莊嚴，還有自己聽聞教法的上師、善知識，這些都是我們禮拜的對象。總而言之就是直接的上師，或者是傳承的上師，所以稱之爲「諸至尊上師」。

　　但是禮拜的對象爲什麼特別是上師、善知識呢？這是因爲要得到解脫、成就佛果，不能夠欠缺的就是上師、善知識。如果沒有上師、善知識，便不可能解脫成就佛果。這很重要，所以頂禮的對象就是「諸至尊上師」。

　　欠缺上師，爲什麼不能得到解脫和一切智的果位呢？這是因爲佛陀雖然開示了解脫的法，可是當我們要實修這些正法時，首先應當要依止善知識；因爲依止上師、善知識之故，上師會解釋佛法的意義，還有佛陀的經典教言，爲我們開示解脫的道路，我們才能夠得到解脫。

　　佛經裡用一個比喻：就像在廣大無邊的大海裡，我必須搭船，才能夠跨越大海到達對岸，而這艘船當然要靠划船的船長才能穿越大海，否則便無法到達彼岸。同樣的道理，輪迴就像

痛苦的大海一樣，海底非常的深，廣闊無邊，如果沒有像船長一樣的上師來領導我們，我們就不可能脫離輪迴；唯有靠著上師的帶領，我們才能夠脫離輪迴，得到解脫。

具德上師的條件

禮拜的對象是「諸至尊上師」，但是這些上師必須是具德的上師，這是必要的。具德的上師要合乎什麼條件呢？在「分別解脫戒」裡有談到具德上師的條件，「菩薩學處」中也有談到具德上師的條件，「密咒乘律儀」中也有談到具德上師應具備的條件。歸納起來，彌勒菩薩在《大乘經莊嚴論》裡談到上師應齊備的條件，有諸如內心寧靜、調伏，以及博學多聞等。

《大乘經莊嚴論》裡面所談到具德上師的條件有：

1. 調伏：指內心擁有戒學，所以內心調伏。

2. 止息：這是指禪定的等持也齊備了，是定學的部分，所以內心寧靜止息。

3. 智慧：是指對三藏典籍的意義都能精通善巧並具有智慧，這是慧學的部分齊備了。

4. 豐富的教言：意思是非常的博學，學問深廣且精通教

義，具有廣大聽聞豐富的教言。

5. 功德殊勝：這是指對弟子而言，上師要向弟子講解解脫的道路，因此在開示解脫的道路這方面，功德當然要更加殊勝，所以具備功德殊勝的條件。

6. 經驗：經驗是自己做實修，而不是空口說白話。自己要實修，有經驗也具備正見。

7. 善巧：具備善巧接引，善巧是知道怎麼去教導各種根器的弟子。

8. 善於解說：向弟子講解的時候能夠運用善巧言辭、善加開示。

9. 愛心：這是指前述條件都齊備了，而且還願意教導弟子，對弟子講解善惡取捨的關鍵要點，內心充滿大愛、慈悲之心。

10. 不避辛勞：不會逃避辛苦勞累，內心純粹想著弘揚教法和利益眾生，就算有許多的辛苦勞累都絲毫不顧惜，能夠忍耐。

上師應當齊備前述這些條件，我們應該要依止這樣的上師。

二、撰寫誓言

撰寫誓言是指下面這個頌文：

> 我隨己力而宣說，欲解脫者之津梁，
>
> 諸佛經典精華義，一切菩薩所讚道。

「諸佛經典精華義」，佛陀的一切教言之中，其精華、精要的意義到底是什麼？還有一切的勝子，勝利者之子的菩薩，一切菩薩中，他們究竟的實修、內心最佩服、最稱讚的道路，是自己最究竟的實修。有緣份的人，想要求解脫的人，所要走的橋樑是什麼呢？「我隨己力而宣說」，所以根據我的能力來解釋說明，就是這三個主要的道路。這是撰寫誓言。

撰寫誓言的必要性

撰寫誓言的必要性何在？中國有句俗話說：「一言既出，駟馬難追。」經典裡面則講：「行者不多允諾，凡是允諾必定達成，就像石頭上的雕刻一樣，捨命也不會改變。」石頭上如果刻了一個東西、一個圖案，當然不會改變。往聖先賢不隨便答應做允諾，但是只要允諾的事情，一定會達成，就算捨棄性命也不會改變，就像石頭上雕刻的圖畫一樣。所以「撰寫誓

言」，就是這個事情我一定要達成。

　　對一位聖賢而言，已經允諾要達成就必定會達成，所以要撰寫一個誓言。不過，撰寫誓言的另一個必要性，是對學習論典者而言，因為有這樣一個誓言，我們一定要把教法徹底的學習完畢，聞、思、修要究竟地做完，這也是一種鼓勵。

同時進行許多事的缺失

　　如果同時進行很多事情，但是事情還沒有達成就停下來，會造成許多的過失。我們學習正法也是這樣，一開始實修的時候，不管是聽聞、思惟、禪修任何一個項目，就要努力做完。如果不是這樣，先進行了一個項目，過了幾天就擱著，又進行另一個項目，再過幾天又擱著去進行另一個項目，到最後不可能有任何一項是達成的。所以有句話說：「一足未立，不移二足。」如果一隻腳還沒有站好，你便不應該移動另一隻腳。如果一隻腳沒有站好而移動另一隻腳的話，你只會摔倒，對你沒有任何的好處。

　　所以一件事情已經開始做了，就不應該中途放棄，應該努力去達成，然後再進行另外一件事情。如果一件事情還沒有達

成就擱著，另外去做別的事情的話，就像同時移動兩隻腳，一定會摔倒。就好像我們內心總是有很多思緒，喜歡胡思亂想，如果順著我們的心意去做，這個也開始、那個也開始，便沒有一件事情是可以達成的。正法的實修無法完成，世俗的事情也不能夠達成。因此在世俗的事情方面，在我們的實修方面，應當專一而且誓言堅定，已經開始就努力去做好，之後再去進行另外的事情。

三、鼓勵聽聞

撰寫誓言完畢之後，就是鼓勵聽聞。

> 不貪三有之安樂，為使暇滿身具義，
> 勤依佛悅之正道，具緣者當喜諦聽！

第二個頌文是鼓勵聽聞，意思是說對於三有輪迴的安樂沒有貪戀執著之心的人，不浪費暇滿的人身寶、要努力使其具有意義的人，應當要靠著佛陀所喜悅的道路，當做實修時的道

路；不應當走不正確、不完整、次第顛倒的道路。我們應當走佛陀所喜悅的道路來學習，那是正確的、完整的、沒有欠缺的道路，而且前後的次第也是正確的。因此有緣份的弟子、有緣份的人，應當以清淨的心好好聽聞。

具緣弟子的條件

最後一個句子是「具緣者當喜諦聽！」，意思是有緣的人，要用清淨、歡喜的心好好來聽聞。但什麼叫有緣呢？有緣的弟子是什麼意思呢？提婆的《中觀四百論》談到如果能夠齊備以下三個條件，就是有緣之人：

1. 內心正直： 第一個條件是內心正直，內心不是歪曲的，內心是正直的。

2. 聰慧： 具有聰明和智慧可以分辨清楚什麼是正法，什麼是顛倒錯亂。

3. 熱切追求： 對於正法的聞、思、修熱切追求，對於解脫一切智的果位也熱切追求。

所以，教法的開示者、聽聞者，師徒之間彼此應當齊備什麼條件，都要在這些方面好好去努力。

第三章

正明論典

接下來正式說明論典所詮釋的主旨、核心的思想是什麼。這裡分成三個項目來解釋，說明一、出離心，二、菩提心，三、正見（空性正見）。

一、出離心

首先說明出離心，內容分為三項：（一）產生出離心的原因、必要性何在；（二）產生出離心的方法是什麼？（三）內心產生出離心的衡量標準是什麼？怎樣算是產生出離心或沒有產生呢？

（一）出離心的必要性

首先是為什麼要產生出離心？原因何在？出離心是有必要的嗎？用一個頌文來講解：

> 無有清淨出離心，求有海樂無寂法，
> 貪執世間束縛眾，故當首先尋出離。

這個頌文的內容，是指我們在輪迴裡面，從無始輪迴到現在，都受到業力和煩惱的控制，因此投生在輪迴之中不斷的流轉。輪迴的性質是痛苦，如果我要脫離輪迴，首先要在內心產生想要脫離的想法。這種脫離輪迴的想法，就是出離心。要知道，從很久以前，我們就對於世間、世俗輪迴的事情有許多的貪戀執著，因此造業以致投生在輪迴裡面，不斷的流轉。假設現在我們仍然跟無數前輩子一樣，仍然對世俗有貪戀執著，沒有產生出離心的話，心思必然還是繼續渙散在輪迴的世俗之中，永遠也不會脫離。

　　舉例而言，如果我要到另外一個地方，首先要有一個渴求之心，要先產生想到那個地方的想法；因為有這種想法之故，我付出行動，因此我就前往了，最後到達目的地，目標也達成了。但是假設我對現在這個地方有強烈的貪戀執著，不想離開這裡到別的地方去，因為沒有到別的地方去的想法，當然我就始終一直在這裡。

　　因此要脫離輪迴，首先有必要先產生脫離輪迴的想法，這就是出離心。

輪迴是什麼？

一般而言，如何界定輪迴呢？我們這個有漏的果報，包含苦諦五蘊的這個身體，不斷的變換而投生在六道裡面，在六道中，我們換一個身體，再換一個身體，再換一個身體……，如此不停的持續下去，稱之為輪迴。

所以輪迴是指身體不斷的更換，不斷的持續。輪迴的處所何在？六道。地獄道、餓鬼道、畜生道是惡道，天道、人道、阿修羅道是善道，這六道就是輪迴的處所。

誰束縛了我們？

將我們束縛在輪迴裡的是什麼呢？是業力和煩惱。

正如前面所談到的，因為非福德業或不善業之故，會投生在三惡道，如此繼續的流轉，並且受到束縛。因為福德業或善業的緣故，會投生在三善道，如此繼續的輪迴，並且受到束縛。因為不動業、等持業的緣故，所以在三界之中，會束縛在無色界。因為業力和煩惱的緣故，我們會不斷的在輪迴裡流轉，再三的受到束縛。束縛的意思，就是不斷的投生在輪迴之中。

認識輪迴的本質

在六道之中不管流轉到什麼處所，都絲毫沒有脫離三苦，一定會受到三苦的逼迫。

輪迴的性質就是痛苦，所以要產生脫離輪迴的想法。要再三學習，對輪迴產生憂慮、憂戚之心。再三的觀修串習，對輪迴產生憂戚、厭離的想法。最後這個出離心——脫離輪迴的想法，不假造作的出離心，才能夠在內心產生。

清淨的出離心

如果我們沒有清淨的出離心，也就是對於輪迴的性質是痛苦一點也沒有認識，當然就不會對輪迴產生憂戚、厭離之心；對輪迴若沒有憂戚、厭離之心，就會有貪戀執著；對輪迴有貪念執著，就不可能產生清淨的出離心；如果沒有清淨的出離心，就會跟前輩子一樣，在三有輪迴之中繼續貪執對輪迴的喜樂、對喜樂果報的追求，這些若沒有辦法停止的話，就會不斷的持續輪迴。

對於輪迴產生貪戀之心，自然就會產生貪戀、瞋恨等等煩

惱；有貪戀、瞋恨等等煩惱，自然就會造作業，特別是造作不善業；因爲造作不善業，就會重複不斷的輪迴。如果在輪迴中有強烈的貪戀、瞋恨而造作嚴重罪業的話，就會投生在三惡道。就算有貪瞋的煩惱而沒有造作不善業，即便對於輪迴有貪戀、瞋恨做爲動機，造作的是善業，那也只是投生在天人的果報而已，不可能脫離輪迴。

恆常的出離心

如果要得到解脫，最主要的因素就是想辦法在內心產生出離心。如果要得到解脫，首先最主要的部分就是出離心。想要產生出離心，必須先觀修：暇滿人身難得、業力、因果輪迴的痛苦等等，不斷的思惟，就會產生出離心。不過所產生的出離心，不應僅僅是嘴巴說說，如果僅是如此，所追求的解脫便也只是嘴巴說說而已，這樣是無法得到解脫的。因此，出離心不應是偶爾有而已。如果有時候有出離心、有時候又沒有的話，會變成我們實修佛法時，有時候這個實修是解脫的因，但是有時候這個實修又會變成墮入輪迴的因，這樣還是要繼續墮入輪迴之中。因此無論如何，我們應當有一個不假造作的出離心。

產生的出離心，應當恆常的持續在行、住、坐、臥之中。經常持續存在這種出離心，是非常有必要的。所以這裡提到「貪執世間束縛眾，故當首先尋出離」，首先應當在內心產生出離心，去尋找及追求能夠解脫的最初且最主要的因素，就是出離心。

堅固的出離心

　　產生出離心的方式，首先應當聽聞、思惟，之後再配合實修，讓內心產生不假造作的出離心。心中產生出離心之後，這個出離心也應當堅定穩固，而且經常持續地擁有。

　　我以前認識一個人，可能是他的家庭遇到一些紛爭，所以內心非常痛苦。突然間，他感覺到輪迴實在很沒有意義，所以跟我報告說：「現在唯有修法最實際、最實在，因爲輪迴實在沒有用處。」我就問他：「你想怎麼做實修呢？爲什麼有這種想法呢？」他回答：「這些世俗的事情，譬如家庭，實在沒有意義可言。我想把這一切世俗之事都暫時放下，只要實修佛法。」

　　我就告訴他：「你講的這些確實有道理。實際上在輪迴中世俗的事情，當然是沒有精華可言，也是沒有意義的。佛陀已

經開示過很多，輪迴本身就是痛苦的。不過，首先應該在內心對輪迴產生憂戚、厭離之心，而且脫離輪迴的想法必須要堅定穩固，不假造作的在內心產生，這是非常有必要的。否則的話，只是一個偶然外緣，產生一點點的出離心，這個出離心也不會持續。如果出離心不能持續，就算現在把世俗的事情擱下去實修佛法，但是對於輪迴的性質是痛苦這一點沒有好好的思惟，出離心也不會清淨，將來對於實修會產生後悔之心。因為沒有功德之故，將來在生活上會遇到很多的辛苦、麻煩。所以你暫時先不要這樣做，應當廣大的聽聞實修，讓學習佛法的心堅固穩定，才是最重要的。」

結果他照了我的話去做，幾年之後，工作慢慢穩定，生活也逐漸改善，家庭生活也變得美好，後來發現輪迴果然很難捨棄。所以當初我說：「偶爾的出離心，不是在觀修上形成的，沒有什麼用處。」偶爾的出離心，是指一點點小事就引發我的出離心，這種偶爾產生的出離心，並不是真正認識輪迴，沒有精華可言，是不堅固的。我們要產生的出離心，應當是很明白的知道輪迴的性質是痛苦，沒有精華可言，了解這個原因之後所產生的出離心，才能堅固穩定而持續。

後面要談到的菩提心和空性正見，也是要靠出離心來引發才能產生。首先要產生菩提心，它的因是大悲之心。慈心、悲心都是菩提心的原因。所以《入中論》前面的頌文談到：「悲心是菩提心、空性正見的一個原因，所以應當要思惟眾生而產生悲心。」為什麼思惟眾生會產生悲心呢？因為想到眾生在輪迴裡受到非常猛烈的痛苦，是多麼的可憐，悲心就會油然而生。但是為什麼會思惟到眾生在輪迴裡受到很多的痛苦呢？首先自己要了解：「輪迴本身是痛苦。自己在輪迴裡，受到很多的痛苦。」對此要有正確的認識。如果自己沒有體認到輪迴是痛苦的，自己好像也沒有痛苦，怎麼會思惟到眾生在輪迴裡受苦呢？所以自己必須先對輪迴的性質是痛苦的有所認識，自己要有想要離開輪迴的心。六道眾生在輪迴之中受到強烈的痛苦，多麼的可憐，這就是悲心。所以在對眾生產生悲心之前，一定要認識輪迴的性質是痛苦，而且我要懇求離開輪迴，這種想法一定要產生，之後才會產生悲心。悲心就是菩提心的因。

　　或者這樣說：菩提心是希望其他眾生遠離痛苦，而且我要安置他們得到安樂、快樂的果位，所以希望眾生遠離痛苦；而我安置他們得到解脫一切智的果位，這種想法稱之為出離心。

如果自己都沒有脫離輪迴的想法，怎麼可能產生出離心呢？因
爲自己對於輪迴還有貪戀執著，當然不可能希望其他的眾生脫
離輪迴。比如說我現在住在這個地方非常的快樂，那我爲什麼
要勸其他人離開這裡呢？就算說有出離心產生，也一定是裝模
作樣，只是造作的出離心，不會是不假造作的出離心。

　　如果菩提心、悲心都沒有產生，那麼空性正見也不會產
生。其次，在了悟空性之前，一定要有大悲之心——菩提心。
因爲空性的了悟如果沒有菩提心、悲心，就沒辦法證入空性。
因爲了空慧要經由悲心、菩提心，還要廣大的積聚資糧，清淨
許多的罪障，要很多的條件都齊備。靠著很多條件的齊備，才
會產生了空慧，除此之外並不是廣大的發願或者是有渴求之
心、有期望，就能產生了空慧，那是不可能的。所以首先一定
要在內心產生出離心，好好的做觀修。無論如何，出離心是最
爲重要的。

　　這是第一項要產生出離心的必要性。

（二）產生出離心的方式

　　內心要產生出離心，依靠的方式是什麼呢？首先是 1. 斷

今生執，要去除這輩子現前的貪戀執著。2.斷後世執，要去除下輩子現前的貪戀執著。

什麼叫作貪戀輪迴呢？貪戀輪迴的意思，就是對這輩子現前的快樂有貪戀執著，或是對下輩子現前的安樂有貪戀執著。因為這兩種貪戀執著之故，所以始終不能產生出離心。出離心——脫離輪迴的想法，意思是指對這輩子現前的快樂沒有貪戀執著，對於下輩子的安樂也沒有貪戀執著，這才算是產生出離心。所以要分成這兩個項目來說明。

1.斷今生執

首先是心離開這輩子的貪戀執著的兩句偈頌：

人身難得壽無常，修此可斷今生執，

講的是離開對這輩子的貪戀執著。這裡提到「今生執」，就是指這輩子現前的貪戀執著，也就是我們這輩子擁有的衣服、食物、名聲、財富、地位等，在輪迴裡享用的這些快樂、幸福，這些都是這輩子現前的貪戀。

　　如果我們要純淨地實修解脫法，對這輩子現前的貪戀就應該要去除，也就是內心要捨棄世俗的一切，對於現前這些幸福快樂對境的貪戀執著一定要捨棄。

　　要「斷今生執」，就是要對這輩子眼前的一切沒有貪戀執著，心都能放得下，那要怎麼做呢？如何實修呢？所以這裡談到了「人身難得壽無常」，即「暇滿難得」與「死亡無常」，靠這兩種方式的觀想實修，就能夠去除對這輩子的貪戀執著。

　　對這輩子世俗的事情，我的內心要放下。想一想：假設我不放下世俗的事情，會有什麼過失？內心捨棄世俗的一切，是非常有必要的。它的功德利益何在？好處又是什麼？把這些好好的想一想，棄捨世俗的想法就容易產生了。

　　如果我們對世俗的事情還有貪戀執著，內心無法離開此世，由此可知我們做的任何事情一定跟世俗有關係，所以任何要脫離世俗的實修都不可能去做的。

純淨實修的標準

　　我們做純淨的實修，應當將世俗的事情放下。要把世俗的事情放下，首先應該了解，對於世俗的事情有貪戀執著，有什

麼過失？這點一定要了解。而且要觀想「暇滿難得」、「死亡無常」，漸漸地就會去除對這輩子的貪戀執著。對於世俗的事情如果沒有貪戀執著，對正法的實修、佛法的實修才會純淨。因爲現在所修的這個法，不是爲了世俗的榮華富貴，是爲了解脫和一切智的佛果之故，而來做這個實修，這樣的實修才能變得純淨。

在其他修心的指導文裡談到：「若執著此生，則非修行者；若執著世間，則無出離心。」如果對於世俗的榮華富貴還有貪戀執著，這個人無論如何都不能算是佛法的行者；如果對輪迴的快樂還有貪戀執著，那當然不是出離之心。

所以實修佛法到底純不純淨，分水嶺在什麼地方呢？就是看內心到底有沒有棄捨世俗的想法。

西藏有一位善知識名叫忠仲巴，是佛尊阿底峽的大弟子。有一天這個善知識看到弟子在繞著經、像、塔而行做實修，就說：「你再做個純淨的實修會更好。」弟子就想：「我繞塔經行難道不純淨嗎？」所以又做了頂禮，然後念誦佛經。上師看到了就說：「你頂禮又念誦佛經也非常好，不過如果你再做個純淨實修的話會更好。」弟子又想：「就是還要做更好的實

修。」因此他把頂禮和課誦放下，開始打坐禪修，一段時間後，上師又說：「你的禪坐做得非常好，但是如果你再做純淨實修的話會更好。」弟子就懷疑了，繞經、像、塔還不夠純淨，還要修一個純淨的實修；頂禮、課誦也不夠，還要再做一個純淨的實修；打坐之後，還要做一個純淨實修……，純淨實修到底是什麼？只好去請教上師。上師就說：「如果你要做純淨的實修，就應當棄捨世俗。」

不落世間八風

可見棄捨世俗是修法純不純淨的標準。但是棄捨世俗是什麼意思呢？龍樹菩薩在《親友書》裡談到，棄捨世俗是指得失、喜悅、高興不高興等八個項目。這是佛陀曾經開示過的世間八風──得、失、苦、樂、稱、譏、毀、譽。就是如果我得到承事、供養就高興，沒有得到就不高興；如果順利就高興，不順利就不高興；如果有人稱讚就高興，沒有稱讚、沒有講好聽話就不高興；得到名氣就高興，沒得到就不高興等，稱之為世間八風。所以如果他是一個純淨的行者，應當對這世間八風一律平等對待，所以棄捨世俗歸納起來，簡單來講就是不落世間八風。

現在所修的法，大多數都不是解脫的法，而是屬於世間法。爲什麼？因爲也許是希望這輩子幸福快樂，所以來做一點實修；也許是希望能避免自己這輩子會遇到的辛苦困難，因此做一點實修；也許是希望得到名聲、財富、地位，因此做一點實修。這些佛法的實修，目標都放在這輩子，所以是對這輩子的貪戀執著。因爲並沒有脫離世間法，不能算是純淨的實修。

　　如果所修的是正法，應當要脫離世間法的範圍，才能得到解脫與一切智的佛果。因此修法時，無論如何務必減少對世俗的貪戀執著，最後徹底棄捨世俗的一切。如果不是這樣，對世俗的事情仍有強烈的貪戀執著，所造作的善業和不善業仍然是世間法；除此之外，聽聞佛法、思惟、禪修也是屬於世間法，絲毫不會得到解脫。

　　世間法與出世間法的差別，主要的就是內心的動機。正如前面所提到，追求的目標是放在這輩子能得到幸福快樂，或是要避免下輩子墮入三惡道，或是追求的目標放在下輩子能得到幸福快樂，以這些目標所做的任何實修，都只能算世間法。因爲目標是在追求輪迴的快樂，並沒有脫離輪迴的想法存在。所以無論如何，出世間法的目標一定要放在解脫和一切智的佛

果。因此世間法與出世間法的區別，就像前面所提的，其劃分的標準是到底有沒有棄捨世俗。

如果目標放在世間，去做世俗的士、農、工、商這些事情，當然是屬於世間之事。但是佛法實修的目標放在這輩子，所做的仍然是屬於世間法。所以實修佛法，無論如何應將目標放在解脫和一切智的佛果，這個實修就是純淨的實修，就是出世間的法。

噶當十法

以前西藏噶當派的往聖先賢修十種法，稱為「噶當十法」，分別是四種依止、三種金剛，以及出入得三事，都是讓人非常驚嘆、不可思議的實修。

四依止

(1) 心依於法

四種依止、寄託，首先是心依於法，意思是心要寄託在佛法上。心所能依靠、依賴、寄託的是什麼？唯有佛法。這是指心要追求解脫和一切智的佛果，寄託在這個上面，而不是寄託

在世俗的名聲、財富、享樂上。心所寄託的地方唯有正法，此外別無其他，稱之爲心寄託於法。

(2) 法依於貧

意思是法寄託在貧窮。內心除了佛法之外，沒有去想其他的事情，所以心寄託在佛法上。但是將心寄託在佛法上來做實修時，並不是運用這個實修去得到世俗的名聲、財富、榮華富貴；內心所想到、所做的唯有實修佛法，而沒有任何其他世俗的事情，因此會窮困潦倒，就像乞丐一樣。所以心寄託於法之後，法寄託於貧窮。

(3) 貧依於死

意思是貧窮寄託在死亡，指貧窮得有如乞丐一般，徹底棄捨世俗的一切。並不是今天棄捨明天再去追求，而是從今天開始到死亡之前，要徹底棄捨世俗的一切，完全放下，內心只有佛法的實修，而且要徹底究竟，不再渙散於世俗輪迴的事情。所以貧窮寄託在佛法的實修，一直到死亡爲止，沒有渙散在世俗的事情上，稱爲貧窮寄託於死。

(4) 死依於荒野

意思是徹底棄捨世俗之後，內心追求解脫，放下一切實修

正法，連對身體也不貪戀，就算死在無人的荒野、深山、岩洞裡也沒有關係。要有這樣的想法、決心，稱爲死寄託在荒野。

三金剛

　　其次是三種金剛：自主金剛行於前，無慚金剛行於後，本智金剛相伴行。

(5) 自主金剛行於前

　　自主金剛是指不會失去、不會受到控制的。實修佛法若是爲了世俗的財富、地位，並不是自主獨立的，而是因爲被別人牽著鼻子走，爲了顧及別人的情面而學習佛法，這都是不應該的。修學佛法首先要完全自由自主，自己要非常堅決確定，發自內心深處喜歡佛法，因此要去實修、去了解；而不是顧及其他人的情面，也不是不由自主跟著別人走，這是首要條件。

(6) 無慚金剛行於後

　　這是指已經自由自主的決定要實修，這個時候就算別人毀謗，自己無論如何都不能感到羞愧，爲什麼呢？因爲也許別人說你修得很好，也許說你修得不好，不論別人講什麼，你的內心都要堅固穩定，絲毫沒有慚愧之心。唯有佛法之外，其他根

本不必去做思惟，稱爲無慚金剛行於後。

(7) 本智金剛相伴行

　　修行到最後，無論如何一定要得到本智究竟的果位。已經開始實修之後，一直到最後究竟之前，絲毫不改變，自己的聞、思、修堅固穩定，一定要達到徹底究竟，自己的誓言不能改變，一定要堅持到底得到果位，稱爲本智金剛相伴行。

出入得三事

(8) 出於人群

　　這是遠離人群的意思，是指所有世俗的事情都應當要遠離。因爲內心熱切追求佛法的實修，所以應當遠離人群。譬如跟貪、瞋、癡強烈的人在一起，這些人所做的事情都是世俗之事，久而久之自己也會產生貪、瞋、癡的強烈之心，執著於世俗的事情，這是不應該有的，所以首先要遠離人群。

(9) 入於狗群

　　字面上的意思是跟狗混在一起，不過這句話眞正的意思是指：已經脫離人群，不跟世俗的人混在一起，因此沒有去做世俗、名利的事情，所做的事情都是爲了法，爲法捨身忘軀，辛

苦勞累的做各種難行、苦行，捨棄世俗的名聲、富貴，行、住、坐、臥都跟一般人不一樣，所以看起來很落魄的樣子。

世俗之人重視的事情是什麼呢？世俗之人很熱衷於追求榮華、富貴，要照顧自己的家人、親友，追求名聲、財富，認為這樣做才是一個好人、一個優秀的人。如果實修者不做這些世俗的事情，把這些俗事都捨棄，然後衣衫襤褸的做難行、苦行，世俗之人就會瞧不起，覺得這個人好像很窮困潦倒的樣子。所以「入於狗群」是這個意思。

西藏大成就者密勒日巴是一生成就佛果的大成就者，他住在山洞裡，神通厲害無比。有一天密勒日巴在山洞裡禪修，遇到了幾位路過的年輕人，這些年輕人看到密勒日巴就搖頭說：「這個人沒有穿衣服，也沒什麼食物可吃，乾乾扁扁的實在是窮困潦倒，怎麼會有人這麼可憐呢？」可是密勒日巴看到這些年輕人，就想到：「眾生多麼可憐，這些眾生造作惡業，受到煩惱、無明的控制，將來還要墮入三惡道中，三惡道的痛苦不可思議，非常嚴重，怎麼會有眾生這麼可憐啊！」這是密勒日巴的故事。世俗之人看密勒日巴，覺得他非常可憐；密勒日巴看世俗之人，覺得世俗之人可憐無比呀！世俗之人看密勒日巴

的樣子，就是「入於狗群」的意思。

(10) 得到聖位

　　聖位是指天神本尊的果位。這是指把世俗的事情放下，去做純淨佛法的實修，努力堅持下去，就會得到天中天的果位。天人之中最偉大的天人就是佛。就算這輩子沒有辦法得到究竟的佛果，下輩子也會逐漸得到佛果。

　　所以就一個行者而言，應當棄捨世俗的事情，離開對世俗的貪戀執著，之後純淨的實修佛法，內心想到的只有佛法。

佛陀對弟子的願力

　　如果我們唯有純淨的實修佛法，雖然沒有致力於世俗的事情，也不用擔心衣、食等問題，自然地就會得到。

　　西藏有一句俗話說：「身體居叢林，食物到手中。」一個人在深山叢林蘭若很純淨的做實修，不必擔心沒有食物可吃，食物自然就會到你的手中。意思是如果棄捨世俗之事，純淨的做實修，就不必擔心衣服、食物這方面的問題，這些生活的順緣，自然就會得到。

　　佛陀在很久遠以前的前世，行菩薩道的時候，將累積的福

德資糧──應當要感得六萬輩子轉爲聖王的果位，全部迴向給後代所有純淨實修佛法的弟子，作爲他們衣服、食物的享用。所以後世純淨實修佛法的弟子，不必擔心自己的衣服、食物等生活的資具，因爲佛陀已經將他六萬輩子轉爲聖王的福報，完全送給未來後世的實修者。還有佛陀以前曾廣大的發願，將來有弟子純淨實修，若不能得到衣服、食物，生活資具不齊備的話，自己便不會成就佛果。這是佛陀的發願，願望裡面提到，將來純淨佛法的實修者，衣、食、住、行方面的順緣都能夠得到。所以從佛陀的發願文，以及佛陀將他的福報迴向給後代弟子，還有一些護法善神的幫助，我們從這些方面想一想，就可以很肯定，只要是純淨的實修佛法，世俗順緣的部分其實是不用擔心的。

所以捨棄世俗的事情，承事供養自然就會得到。但是棄捨世俗的事情，倒不是一定要使自己的生活窮困潦倒，並不是這個意思。而是要放下對於世俗的貪戀執著，就稱之爲棄捨世俗。一旦放下對世俗的貪戀執著，外在生活的順緣當然不會是榮華富貴，而是應當簡單樸實，特別是對於出家僧眾而言。佛陀已經把廣大的福報迴向給出家僧眾，所以在生活順緣方面，

真正的家，
在當下

一行禪師的生命故事與教導

一行禪師（Thich Nhat Hanh）
葉
○元

▓師是一名偉大的精神導師、和平運動家，也是將佛教帶到西
▓驅者。

積極參與社會活動，實踐入世佛教；並教導人們透過禪修，
下，力行正念生活。

──行禪師首次親自寫下，他在越南的孩提時期、戰爭與流亡的日子、
建立梅村，以及在全球各地旅行及教導，關於他一生的人生經歷。

書能成為讀者心中的一記鐘聲，當鐘聲響起，記得提醒自己該適時的
力。當你正念地呼吸、踏實地行走，你的身心將回到當下此刻，並踏
道路上。

延伸閱讀

橡樹林全書系書目

橡樹林好書分享

禪師講
《　　》
20元

一行禪師講
《阿彌陀經》
定價260元

一行禪師講
《金剛經》
定價320元

正念的奇蹟
（電影封面紀念版）
定價250元

橡樹林

療
作者
定價

誕
對
則

直
情
氣
學
位

醫經心悟記——中醫是

作者／曾培傑、陳創濤
定價480元

世界上好的東西，都需要一番刻
累，醫之道更是如此。

全書圍繞醫經典籍中的名言名句，即
徒參究、琢磨這些被臨證者奉為圭臬
要不斷體悟領會經典，將經典內化為
臨證應用時得心應手，從而解決臨床

1
作者
定價

韓
金

本
一
來
可

一定自然就會得到的。

所以最主要的棄捨世俗，應該是內心把世俗的事情放下，但是就生活順緣這部分，尤其是出家僧眾並不用特別擔心，因為佛陀已經做了廣大的迴向祝福。

特別是出家僧眾在衣食方面，要遵循佛陀的制定，這是非常重要的。

暇滿難得

在產生出離心的方式中，說明斷今生執與斷後世執兩項。在斷今生執中，如何去除此世現前的貪戀執著，提到的方法有兩個，就是思惟「暇滿難得」和「死亡無常」。

「八無暇」難得

暇滿難得，「閒暇」和「圓滿」要做解釋，「閒暇」的意思是指離開了八種無暇之後就有空閒，有實修學習佛法的空閒，稱之為暇。龍樹菩薩對八種無暇做了解釋說明，離開八種無暇就稱之為閒暇。

八無暇為投生地獄道、餓鬼道、畜生道、長壽天、邊地、

邪見、佛不出世、還有愚笨瘖啞。

1. 地獄道：投生在三惡道的第一個就是地獄道，承受著嚴重的冷、熱之苦。

2. 餓鬼道：投生在餓鬼道，承受著飢餓、乾渴之苦。

3. 畜生道：投生在畜生道，承受著愚笨、瘖啞之苦。

投生於三惡道中，可說絲毫沒有機會可以學習佛法。今天我們已經脫離了三惡道，等於是離開沒有空閒的處所，已經得到閒暇了。

4. 長壽天：投生在長壽天神界，他們的內心不會思惟，因此內心滅盡亦不做思惟想，所以不會實修佛法。

5. 邊地：或者投生在邊疆蠻荒的地方，所學習的宗教不是內道佛教，而是其他宗教，因此不會實修佛法，所以是無暇。

6. 邪見：已經避掉了三惡道和天道，投生在南贍部洲，也投生在有佛法的地方，避開了邊疆蠻荒；不過因內心有邪見，所以不會相信佛法，也就不會學習佛法，所以是沒有空閒的。

7. 佛不出世：投生的地方沒有佛陀出世，也就沒有佛法流傳，所以佛不出世也是一個無暇。

8. 愚笨瘖啞：愚笨是指心意衰損，無法思惟，所以不能夠

實修佛法。

　　以上是八個沒有空閒的地方。我們今天已經脫離這八種無暇，因此可以說自己有非常好的順緣，有這樣一個機會，已經得到了八種有暇。

「十圓滿」難得

　　暇滿難得，「滿」是指非常順利、圓滿的意思。這是指在修法方面，自己要有齊備的順緣，以及外在環境也要有齊備的順緣，這些都非常圓滿地達成，就稱之為「滿」。前面所提到的八種有暇都齊備了，具足這種人身寶，但是如果欠缺十種圓滿的條件，在實修方面可以說順緣並不是圓滿齊備的。

　　順緣要圓滿齊備，還要再加上十個項目，這十個項目中，外在環境要齊備的條件有五個，自己要齊備的條件也有五個，稱為五種「他圓滿」，以及五種「自圓滿」。

五種他圓滿

　　五種他圓滿是佛陀出現世間、開示教法、聖教安住、追隨者眾、利他具愛心。

1. 佛出世：首先是佛陀出現世間。一般來講，佛陀出現世間可說是少之又少。在漫長的時間裡，有時候有佛陀出現世間，有時候則沒有。而佛陀出現世間的時間其實很少。佛陀出現世間是因為弟子的福報、緣份等很多條件聚集在一起，佛陀才會出現世間。例如我們現在這個「劫」，就有佛陀釋迦牟尼佛出現世間，這是因為我們現在這個劫的這些弟子的福報、因緣條件聚集在一起，因此佛陀才出現世間。否則大多數的時間裡，沒有佛陀出現世間。

2. 開示教法：如果佛陀沒有出現世間，沒有佛法，我們就不能夠實修；但就算是佛陀出現世間，有時候因為弟子的福報和因緣之故，佛陀並沒有開示教法，就立刻進入涅槃，這種情況也是有的。我們現在這個劫的情況是，佛陀釋迦牟尼佛出現世間，而且也三轉法輪，開示教法。

3. 聖教安住：佛陀出現世間又開示教法，但是如果出生的時代剛好教法滅亡了，那也沒有用處，我們也不能夠實修。我們現在的情況是佛陀的聖教還流傳在世上，因此我們才能夠做實修。

4. 追隨者眾：就算是佛陀的聖教都存在，可是沒有人去學

習、去實修、去追隨的話，自己要去研究學習實修，就會變得非常困難。但現在不是，首先有人追隨佛教來學習實修，其次我們現在能夠在佛陀的聖教之中出家來做聞、思、修，這是非常好的，可說是個千載難逢的機會。

5. 利他具愛心：想要聞、思、修佛法，還要具備一個條件，就是利他具愛心。有上師、善知識利益眾生，內心有愛心，想要教導做講解開示，因此我進入佛陀聖教之門，教言之法、聖言之法，我都能夠學習。如果上師、善知識沒有愛心，不做開示，我想進入聖教學習也沒有辦法。

以上是外在的環境要齊備的五個條件，稱為五種他圓滿。但是就算這些我們已經得到了，還是不夠，我們自己還要具備五種條件，稱為五種自圓滿。

五種自圓滿

五種自圓滿是投生在人道、投生在中原區域、根門具足、不墮邊業，還要有信皈依之處。

6. 投生在人道：得到人類的身體。首先已經得到五種他圓滿，可是如果我投生在畜生道，那就沒有用了，因為無法學習

佛法。所以首先要投生在人道，得到人類的身體，這是實修殊勝佛法的身體條件。

7. 投生在中原區域：雖然我投生得到了人類的身體，可是若投生的地方是沒有佛法傳佈的區域，那就無法實修佛法了。所以我投生時雖然是人類，還必須投生在有佛陀的聖教流傳的地方，有比丘僧眾尼師來往的地方，有講述佛法的地方，這種地方稱之爲中原。

8. 根門具足：就算這些條件都齊備了，但是根門不具足，也很難實修佛法。譬如說眼睛看不到，就不能看佛經；耳朵聽不到，就不能聽上師開示，無法實修佛法。所以眼、耳、舌、身等根門都要齊備，這是第三個條件。

9. 不墮邊業：雖然投生在有佛法的地方，得到人類的身體，根門具足，可是自己也不能墮邊業。邊業是嚴重的業，因爲自己往昔以來的惡業，以致不會進入佛法來學習，也不相信佛法，而是追隨外道學習，這樣的話，就完全沒有機會學習佛法。我們也沒有這種情況，現在對於可以進入佛門學習都很歡喜高興。

10. 信依處：依處是處所正確的道路，內心會選擇正確的道路，趣入來做學習。內心相信業力、因果，相信解脫和一切

智的果位確實是存在的，內心相信之後來做學習。

　　以上是自己要齊備的五個條件，稱為五種自圓滿。

　　所以暇滿難得的「暇」是指閒暇、空閒，空閒是指能實修佛法的空閒。這是指要脫離八種學習佛法上完全沒有空閒的地方，稱之為八種有暇。還要加上圓滿五種外在的環境要齊備的條件，以及五種內在的環境要齊備的條件，稱為十種圓滿。全部加起來是十八暇滿，這十八個條件都要齊備，這種機會只能說是千載難逢，非常了不起，很難遇到的。要把這十八個條件全部齊備在一起，才能夠實修佛法，這種機會可說是千載難逢，十分困難，所以叫做暇滿難得。

暇滿「難得」的原因

　　暇滿難得，其「難得」的原因可分為 1. 從原因來說明，2. 從數量來說明，3. 從比喻來說明。

1. 從原因來說明

　　要得到人類的身體，有三個條件：

　　(1) 基礎：要持清淨的戒律。

(2) 助緣：輔助的條件稱之為助緣。助緣是要行布施等六度波羅蜜，要積聚非常廣大的資糧。

(3) 結合的力量，就是純淨的迴向發願。

如果這三個條件都不齊備，就無法得到人類的身體。不過，首先持守清淨的戒律，並不容易做到；其次，要做布施等六度波羅蜜，廣大積聚資糧，也不容易做到；沒有自私自利，純淨的迴向發願，也不容易做到。這三個條件都不容易齊備，因此之故，所以投生在人道，獲得人的身體，其機會可說是少之又少。

2. 從數量來說明

暇滿人身難得的情況，用數量來說明，也是非常難得的。就得到的果報而言，投生在三惡道比投生在善道的數量，要多得太多了。如果我們用比喻來講，投生在地獄道的眾生，就像整個大地的泥沙那麼多；鬼道的眾生，就像河流旁邊的泥沙那麼多；動物的數量，就像晚上的星星那麼多。用這三個數量來比較，以地獄道而言，鬼道實在是少得可憐；而鬼道跟畜生道比起來，畜生道又實在是太少了。如果跟三惡道比較起來，善

道的數量，就像白天的星星一樣，又更加的稀少，所以暇滿人身寶是少之又少的。

　　從整體的人類來講，所有的人類裡面，實修佛法跟不實修佛法比較起來，實修佛法的人，實在少得可憐。如果僅僅只是從人類來討論，不學習佛法的人，就像晚上的星星這麼多；學習佛法的人，就像白天的星星那麼少，兩者比較之下，數量的差別非常大。

　　但是如果跟其他道比較起來，差別會更加明顯。譬如就在我們這座大殿裡，在這裡實修佛法的，全部僅是在座的各位；可是除此之外其他非人的動物、生命，就在我們大殿的四周，可能有千千萬萬，可是坐在這裡的人數又有多少呢？真是少之又少啊！

　　所以整體而言，人類的數量少之又少；在人類之中，實修佛法跟不實修佛法，實修佛法的人更是非常稀少。所以暇滿的人身寶是非常難以得到的。

3. 從比喻來說明

　　從比喻上來了解，佛陀曾親自開示：譬如說在廣闊的海面

上有一根牛軛木（牛軛木就是放在牛脖子上彎彎的木頭）四處漂流，牛軛木上面有一個小洞，用來綁繩子。海底深處有一隻盲眼烏龜，每一百年會浮到海面上一次。當烏龜一百年浮上海面一次的時候，牠的頭剛好鑽到牛軛木的小洞裡。這種情況實在是太難發生了。首先，牛軛木沒有心，不會去找這隻烏龜；烏龜沒有眼睛，也不會看到牛軛木。其次，烏龜並不是每天都浮到海面上，而是一百年才浮上海面一次。更奇妙的是，牛軛木不是固定不動在一個地方等著烏龜來找，又因為狂風巨浪使它不斷的四處漂流。在這種情況下，當烏龜浮上海面的時候，頭剛好鑽到牛軛木的小洞裡，這種機會可說是微乎其微，幾乎不可能發生。但是我們能夠得到人身寶，卻比這個還要更加困難。

所以佛陀講的這個比喻，是指眾生在輪迴的漫漫長夜裡，大多數時間都投生在惡道中，只有一剎那少之又少的機會會投生在善道。但是投生在善道的機會已經這麼少了，在這麼少的機會裡面，還是受到業力和煩惱的控制，因此要學習佛法可說難之又難，所以不得不在輪迴之中繼續流轉。這個比喻講的就是能夠實修佛法的人少之又少。

所以說暇滿「難得」，應該要了解暇滿的人身寶並不是隨隨便便像從天上掉下來一樣，突然間就得到。這是絲毫不可能發生的。暇滿人身寶的數量少之又少，表示是非常難以得到的。

珍惜難得人身寶

寂天菩薩在《入行論》中談到：「暇滿實在是極為難得，能夠成就這種目標、得到這種利益的時候，如果不珍惜，將來怎麼還能夠再得到這種圓滿呢！」

寂天菩薩頌文的意思，是具足十八種暇滿條件的人身寶，如果從原因、比喻和數量上去思惟，就可以了解它是非常難以得到的。我得到暇滿人身寶的時候，就能發揮廣大的成效，能夠得到解脫和一切智的佛果。靠著人類的身體，我就可以修成、達到這個目標。因此在今天我得到暇滿人身寶時，一定要好好的珍惜這個機會，這是因為以前佛陀大悲加持、攝受的緣故，再加上我自己以前無數前世廣大的積聚資糧，純正的發願迴向，當這些因緣具足齊備之後，今天我才得到暇滿的人身寶。

所以無論如何都要掌握暇滿人身寶，發揮其功效。一定要

用人身寶來追求解脫和一切智的佛果，得到究竟的安樂，將來世的業力、煩惱、痛苦完全消滅；一定要掌握這輩子的時間，而且不是只有我自己得到這樣的果位，更希望能幫助所有的眾生都得到這樣的果位，將來沒有任何的痛苦。要盡我的一切所能努力去做，因為現在這個暇滿的人身寶有這麼大的威力，以後想再得到是非常困難的。我們一定要仔細思惟這些內容，好好運用這個暇滿的人身寶。

如何珍惜人身寶？

寂天菩薩又說：「用人類身體這艘船，穿越輪迴的痛苦大海，機會是難以得到的。因此除了努力、精進之外，愚笨者不應當再昏睡。」

寂天菩薩比喻輪迴的痛苦廣大無邊，就像大海一樣沒有邊際；並將人類的身體比喻成是一艘船，我要穿越大海，一定要靠一艘船，否則無法辦到。一樣的道理，今天得到暇滿的人身寶時，想脫離輪迴的痛苦大海是可以辦到的。只要各種的順緣條件都齊備，人類的身體便具有有這個強大的能力。所以得到人類的身體，是一個千載難逢、難得稀有的機會，趁著這個機

會，好好的運用人類的身體，我就能夠脫離輪迴痛苦的大海。所以愚笨者不要再昏睡，應當趁現在這個得到暇滿人身寶的機會，趕快脫離輪迴的痛苦大海。因為如果現在不做，將來就沒有機會了。

如果能夠好好運用這個身體，使這個身體具有可以得到解脫的能力，便可以成就佛果。同樣的道理，如果錯誤的運用暇滿人身寶，用來做壞事，那將是非常嚴重的。人類的身體造作罪業的力量非常強大，因此會導致恐怖的後果，這些情況也完全存在。所以說：「善依於身，過失也依於身。」想得到非常好的成效，是要靠人類的身體；而有嚴重的過失，也是靠這個人類的身體。所以我們今天得到人類的身體時，可以說是站在重要的分水嶺上，左右兩邊是不同的區域，這就是我們目前的情況。

得到暇滿人身寶的時候，所有因緣條件都非常難以具足。想想前輩子、以及再前輩子這些因緣條件，所以現在才能得到這個人身寶，我們應當要非常的珍惜，內心非常的高興，不要浪費暇滿的人身寶，要好好的運用在正法的實修上。

假設這些順緣條件都齊備了，偏偏我不去善加應用，反而浪費掉不學習佛法，那真是太可惜了！這種情況就像入寶山空

手而回。譬如你到海上的金銀島去取珠寶，事前千辛萬苦地做了各種準備，也去了金銀島，回來後人家問你：「你拿到什麼珍貴的珠寶呢？」結果什麼都沒有，空手而回。大家會覺得非常驚訝：「怎麼有這麼愚笨的人，已經歷經千辛萬苦，又浪費了這麼多的金錢、時間，好不容易到了金銀島，回來的時候卻連一顆珠寶都沒有拿。」一同去金銀島的人都滿載而歸，只有自己一個人沒有任何收穫，那前面的千辛萬苦不是全部都浪費而毫無意義了！一樣的道理，能夠得到人類的身體需要靠許多前輩子，歷經千辛萬苦的努力，積聚廣大的資糧，然後這輩子就像入寶山一樣，得到暇滿人身寶，但是卻沒有用來實修佛法，就好像入寶山空手而回一樣，實在是太浪費、太沒有意義了。

　　因此一定要珍惜這個千載難逢的暇滿人身寶，讓它發揮功效，變得有意義。什麼叫做發揮暇滿人身寶的功效呢？要得到解脫一切智的佛果，能夠脫離輪迴的痛苦。在現在暇滿人身寶難以得到的時候，運用它發揮最大的功效，讓它有意義。有意義的意思是，我要能夠脫離痛苦、離開輪迴，以後不要再受輪迴的痛苦。如果能夠這樣子再三的修心，出離心自然就會產生，脫離輪迴的想法就會生起了。

死亡無常

　　如此珍貴的暇滿人身寶非常難得，如果我不趕快用來實修正法，不趕快用來得到解脫，不盡快去做，這個人身寶會不會經常存在，等到以後我再去應用它呢？不會。因為無常隨時都會發生。佛陀開示：「有為法都是無常。」以此講了四法印。人身寶當然是非常重要、非常難以得到，但會不會因為它很珍貴，所以是例外，變得不是無常？不會。所以佛陀說：「一切有為法都是無常。」因此要了解人身寶雖然珍貴，但它也是無常，因此我要趕快實修佛法，如果現在不做，到了某一天無常到來了，不管你的人身寶多麼重要，還是要消失不見。

明天和下輩子，哪個會先來？

　　暇滿人身寶難以得到，那麼是不是有固定的年限，知道無常在某一天會到來？不是。所以：「死無定期。」不知道死亡什麼時候會發生。佛陀在佛經裡面談到：「明天和下輩子，哪一個會早點來呢？不知道。」所以一覺睡去之後，到底醒過來時是明天？還是下輩子？不曉得。無常隨時都會發生，今天、

明天⋯⋯不知道什麼時候，隨時都會發生。所以要好好的思惟死亡無常隨時會發生，不要去忙碌於世俗的事情，應該要珍惜暇滿的人身寶，趕快利益眾生，成就佛果，追求解脫的果位，每天努力的做實修。

　　文殊怙主羅卓泰耶也講過這麼一句話：「我不曾看過一個人不會死，一直留在世間。我也知道我立刻就會死亡，因此每天努力精進地實修佛法。」我們可以看到在這個世界上，沒有人敢說他不會死，會一直活下去。所以既然每個人都要進入下輩子，我也知道自己一定會遇到死亡，而且死亡隨時都會發生，因此當然現在就要趕快精進地學習佛法。

　　西藏有一位祖師叫做當巴桑傑，大家相信他就是達摩祖師。他講過一句話：「出生的那一天，就是判了死刑的那一天。」因為甫一出生就知道將來一定會死亡，有生就一定有死。所以出生的時候，就等於判了死刑，所以在我們還擁有人身寶時，一定要努力實修。

死亡通知書

　　西藏有個故事經常被談到，有個人結交了一個鬼朋友，兩

人非常要好，經常聊天談話，鬼有什麼事情都會告訴人，人有什麼事情也會告訴鬼，彼此互相幫忙。鬼問這個人：「需不需要我幫你什麼忙呢？」這人就跟鬼講：「到了我要死的那一天，你一定要事先、提早、趕快告訴我，因為我要做很多的準備。」鬼說：「當然沒問題。」鬼都有神通，所以知道很多事情。鬼答應人說：「好，我一定會提早告訴你。」

過了幾年之後，有一天鬼告訴人說：「村口的某某人今天就會死亡了。」這人聽了之後沒什麼感覺，只說：「知道了。」那人真的就死亡了。過了一陣子，鬼又告訴人說：「村裡的某某某今天會死亡。」這人說：「知道了。」也沒有什麼感覺，那個人真的也死了。又過了幾天，鬼告訴他說：「今天你就要死了。」他一聽，有如晴天霹靂：「我不是告訴過你，請你事先通知我，我好做準備嗎？你今天告訴我，我就要死了，但我還有很多事情要做，根本來不及準備。你這樣算什麼好朋友！」鬼說：「幾天前我就告訴過你，村口某人最近就會死，後來又說村裡某人也會死，再過來不就是你了嗎？我早就提醒過你了，告訴你說村口、村裡某某人會死，這就是死亡通知書。雖然還沒寫到你的名字，但是你自己應該要有所警覺才

是啊！」

　　就像上述情況一樣，當我們看到別人死亡的時候，其實就是給自己一個死亡通知書。

無常之必然

　　人類的身體是無常的，死亡也是無常的。個別而言，死亡隨時可能會發生，所以是死無定期。這個部分要好好的修心，常常想一想，不僅人類的身體是無常，外在的事物也全部都是無常。我們這個地球也是成、住、壞、空，一直在無常的變化之中，外在的山河大地都在改變，每一剎那都在生、住、異、滅的過程當中。譬如季節就有春、夏、秋、冬。春、夏、秋、冬裡面，外在的山河大地，每一天都不斷地在改變，甚至每一秒都在不斷地改變。內在的有情生命，每一個眾生也是不斷地在改變。例如位高權重的人，權勢可能隨時會失去；非常富有的人，最後一定會死亡；不管他多麼的美麗，不管他有什麼特異功能，最後都會死亡。因此能夠逃過死亡一劫，繼續存活在這個世界上的，根本就沒有。所以外在的器物世界是無常的，內在的有情生命，不管貧、賤、富、貴，最後都一定會死亡。

因此我們能不能單獨存活在世界上？不可能，每個人將來一定都會面臨死亡。

四個最終變化

佛陀在佛經中提到四個最終的變化：出生的最終就是死亡；會面的最終就是分手、離開；得到的最終就是失去；位高權重的最終就是沒落，因為一切都在無常之中。

不過大多數人就算知道無常，也不會把無常放在內心裡面，使自己的內心發生改變。因此雖然知道死亡，但是仍然貪戀著世俗輪迴的事情，對世俗輪迴的事情付出很多的辛勞；到了某一天要死亡的時候，才對所做的一切後悔莫及。所以我們今天要了解無常，內心再三觀修無常，同時棄捨世俗，離開對世俗的貪戀執著，一定要產生脫離輪迴的想法——出離心，在解脫和一切智的道路上，好好的努力學習。

觀修「死亡無常」

就算知道無常、知道死亡，但我們內心總是有恆常的貪戀執著存在，因此會被騙得昏頭轉向，覺得自己一定可以在世間

長久安住，以致每天辛苦勞累，以自己可以長久活命做安排。
雖然我們都知道自己會死亡，但是仍然有這種恆常的執著。

　　不過每天辛勞地為這輩子做打算，一旦死亡的時候，一切
全部都要放下。這輩子辛苦努力得到的名聲、財富、地位，對
自己一點利益、一點幫助都沒有，毫無精華可言，全部都要捨
棄。我們好不容易得到這個暇滿的人身寶，卻不運用在脫離
輪迴的解脫上，在這方面好好的努力，反而憑白無故的浪費
了，沒有好好發揮它的效果，這實在很不應該。今天我們得到
了暇滿的人身寶，應當好好觀修「死亡無常」，而且「死無定
期」，知道將來某一天我們必定會死亡。因此我們一定要善加
運用暇滿的人身寶，發揮最大的功效，再三的觀修死亡無常的
意義。

觀修「死無定期」

　　一般而言，就算知道死亡無常，還不能算是了解它的意
義。因為我們僅僅看到別人死亡，並不能夠算是了解死亡，應
當在看到死亡之後，要進一步的經常去觀修「死無定期」——
死亡隨時都會發生；然後因為死亡隨時都會發生，所以我要珍

惜暇滿的人身寶，讓它發揮最大的功效，做有意義的事情。但是這部分並不是每個人經常會去觀想的。看到死亡，知道自己會死，不過卻不去想更深一層的內涵。所以看到無常，不能說了解死亡無常；應當要每天觀修，時常觀修，讓內心真正了解死亡無常，想趕快脫離輪迴得到解脫，讓暇滿的人身寶好好的努力發揮功效，這才算是觀修死亡無常的功效。不過這並不是每個人都能夠做到的。

　　　西藏有一位噶當派的大善知識，叫做卡拉孔羌，又稱卡拉小修士，是小實修者。卡拉是他的名字，他在山洞裡做實修，洞口突然長了一棵荊棘，每次他進出時，刺都會勾到他的衣服，很不方便。他就想：「我要找個時間把這棵荊棘砍掉，不然進出洞口很不方便。」但是他轉念又想：「我走出去後，不一定能再走進來，也許明天我就不會再走進山洞了。我什麼時候會死亡，誰會知道呢？與其把時間浪費在砍樹，不如好好的做實修。」這樣經過了很多年，那棵荊棘愈長愈大，幾乎就要把洞口遮住了，他還是沒有把它砍掉。他就這樣實修了很久，當他得到成就時，那棵荊棘已經幾乎把洞口堵住了，他也不願花時間去砍它。

我們應當像這樣，雖然知道死亡無常會發生，但什麼時候會發生不知道，所以要珍惜暇滿人身寶，不要浪費時間去做無意義的事情，現在就努力的做實修。

觀修死亡無常的重要性

　　在佛陀的時代，聲聞弟子每天晚上睡覺時，都懷疑到底還有沒有明天，因為死亡無常隨時都會發生，所以也就不一定要費心為明天準備食物了。如果死亡無常在內心產生的話，對世俗事情的貪戀執著一定能滅除，心裡所想的純粹只有實修佛法。所以死亡無常首先鼓勵我們進入佛法；在學習佛法的時候，靠著死亡無常的力量，實修時非常精進、努力，絲毫不浪費時間；最後這個法徹底究竟地發揮威力，也是因為死亡無常的幫助。所以死亡無常在我們實修佛法的初、中、後三個階段，每一個階段都有必要，不能欠缺。

　　仔細分析後，也許我們可以這樣說：一個行者算不算是純正純淨的行者？端看他對於世俗之事是否有貪戀之心。有沒有產生出離心？就看他的內心有沒有「無常想」。經常觀修無常，內心自然就會產生出離心。心裡如果很自然的想到死亡無

常，出離心一產生，就不會去貪戀世俗的事。所以，不假造作、純正的出離心，在觀修無常時很容易產生。因此死亡無常的實修，實在非常的重要。

「暇滿難得」、「死亡無常」這兩項，如果常常做觀修，就會斷除對這輩子的貪戀執著，既然已斷除對此生的貪戀執著，出離心就很容易產生了。

2. 斷後世執

接下來還要斷除對下輩子的貪戀執著，方法是什麼呢？要觀修「因果業力」和「輪迴痛苦」。觀想這兩個項目，便可斷除對輪迴於下輩子的貪戀執著。根本頌文是：

> 無欺業果輪迴苦，修此可斷後世執。

或許佛教徒內道弟子是如此，其他的宗教也是如此，總是會想到：這輩子我辛苦的行各種善業，希望下輩子能夠脫離三惡道，不要再受這些痛苦；希望我能投生在天道和人道，在善道裡享盡快樂幸福。因此就趕快行各種的善業，把目標放在下

輩子，希望在天人善道中能夠享用福報。

　　這樣的想法雖然是脫離三惡道的出離心，卻沒有脫離輪迴的出離心。沒有脫離輪迴想法的出離心，其原因並不是貪執這輩子，而是貪執下輩子。因為執著下輩子，追求的是下輩子的快樂幸福，所以沒有熱切地追求解脫。我們不應該這樣做，而是對於下輩子的快樂也不要貪戀執著；目標一定要放在解脫和成就佛果，唯有產生這種想法，才算是離開輪迴的出離心。我們要有的不是只有離開三惡道，而是脫離整個輪迴的出離心。

因果業力

　　對下輩子的貪戀執著，我可以用什麼方法滅除呢？要思惟「業力因果」，想一想「輪迴痛苦」。

業力決定一切

　　佛經裡開示因果業力：「總總世間由業成。」外在的世界山河大地，內在的世界有情生命，全都是由各種業力形成，我們一定是追隨業力因果而去的。所以我們下輩子會是如何？一定是追尋業力因果。當我們死亡時，身心離散；身心離散之

後，心思續流不會斷掉，而是會繼續的流動，但神識會離開身體，跑到什麼地方呢？不是由我們自己控制的。神識會跑到什麼地方，是順著業力而去。如果造作善業，就投生在善道；造作不善業，就投生在惡道。

投生六道的因與業

　　1. 地獄道：以瞋恨之心爲動機，造作嚴重的罪業，投生在地獄道。

　　2. 餓鬼道：以慳吝之心爲動機，造作嚴重的罪業，投生在餓鬼道。

　　3. 畜生道：以愚癡之心造作罪業，投生在畜生道。

　　4. 人道：如果以貪戀之心造作善業，會投生在人道。

　　5. 阿修羅道：嫉妒之心很強烈，造作一些善業，投生在阿修羅道。

　　6. 天道：對於五妙欲的享樂，內心有很大的執著，造作許多的善業，投生在天道。

　　造作善業或不善業，決定他將投生在善道或惡道。以煩惱爲動機，也許造作善業，也許造作不善業，但是無論如何一定

是投生在輪迴裡面。所以我們應該修法造作解脫的業，得到解脫；如果我們修淨土的法，造作淨土的因，就會投生在淨土。

龍樹菩薩寫給他的好朋友——印度的國王名叫樂行國王的一篇文章，現在叫做《親友書》。《親友書》中說：當某一天到來，國王你要離開的時候，親朋好友、財物受用都不能隨你而去，只有什麼東西會追隨你呢？唯有業力陪伴著你，就像影子陪伴我們的身體一樣。

業力諸特性

關於業力，佛陀也作了很多開示。

1. 已作不損：佛陀說：「已作不損」，意思是已經造作的業力，不會損失、消失不見。自己造作的業力，將來一定成熟在自己身上，自己會得到果報。業力是不可能會消失不見的。

2. 不作不遇：自己沒有做的，便不會遇到。意思是這件事情我沒有做，是別人做的，可是他的果報竟然在我這裡成熟，那也不會發生。佛陀又說業力的異熟果報，不會成熟在泥土，不會成熟在石頭，而是成熟在造作者的五蘊之上。

果報成熟的時間

就果報成熟的時間來講，有：現世報、下世報、他世報和不定報。

1. 現世報：指所造作的業，不管是善業或不善業，力量非常強大，所以果報立刻在這輩子就出現了，這就是現世報。

2. 下世報：有一些業力是這輩子累積的，但果報是在死亡後下輩子投生時出現。這是下世報。

3. 他世報：這輩子所累積的因，下輩子還不會成熟，需再投生一輩子才會成熟，或是在下輩子以後的某一世繼續成熟，也就是二輩子之後、三輩子之後才成熟，稱之為他世報。

4. 不定報：不定報的業力非常薄弱，所以果報不一定在什麼時候會出現，也許在千萬年以後的不知道何時會出現。例如造作了一個小小的善根，善根造作時沒有發菩提心，造作完畢也沒有做迴向發願，又沒有用空性見地去攝持，這樣一個弱小的善根，如果遇到憤怒，就會完全滅除了。所以雖然做了這個善根，卻沒有果報，因為果報被憤怒滅除了。或者說這輩子造作了一些罪業，可是用一個力量非常強大的善根把果報滅掉了。譬如修懺罪法。造作了罪業之後，業已經造了，可是卻沒

有果報，因為我修了一個力量強大的懺罪法，把這個罪業完全滅除，當然就沒有果報會成熟在我身上。所以不定報是指一些力量弱小的業力，不知將來某一世會有果報，也不知道什麼時候會發生。

　　總而言之，一切有為法不靠因緣形成是不可能的；完全都是靠因緣條件和合所形成的。不管是外在的器世間，內在的有情生命，一切的有為法，一定是因緣凝聚在一起，因此將來業力因果的成熟必定會出現。所以有些有情生命的眾生，遇到快樂或痛苦的果報，是因為因緣和合，都是在業力因果之下成熟的。

實踐因果業力

　　關於業力因果，首先我們應當對佛陀的經典教言有信心，再配合自己的聰明才智，好好的去分析、研究、了解，之後更要去實踐。應該怎麼做到實踐業力因果呢？這是指要按照善惡取捨去做。為什麼？原因很簡單，因為我們都希望能夠離苦得樂，方法一定是按照善惡取捨去做。所以，我們內心應當好好的觀修業力因果。

了解業力因果之後，在日常生活實踐上要怎麼做呢？就是日常所做的事情，一定要順著業力因果。順著業力因果的意思是：「諸惡莫做，眾善奉行。」我一定要努力的去做善業，並且盡一切所能斷除惡業。為什麼要這麼做呢？因為我們都希望離苦得樂，當然一定要行善去惡。了解業力因果，出離心自然就會產生，而不是去追求下輩子投生在天道、人道，這樣的話，還是會造作不善業，將來必會墮入三惡道。

　　好好思惟業力因果，對出離心的產生會有莫大幫助。

輪迴痛苦

　　要產生出離心，並厭棄輪迴，還有個非常有效的方法，就是想一想輪迴的痛苦。

輪迴的性質

　　想要斷除輪迴的貪戀執著，應該把輪迴的痛苦好好的想一想。岡波巴曾經講過：「輪迴的性質就是痛苦。」佛陀在四法印中也講過：「有漏皆苦。」有漏的法──輪迴的萬法都是有漏的，有漏的輪迴萬法，其性質就是苦。性質的意思，就是譬

如火的性質是炎熱，水的性質是清涼而流動。同樣的道理，輪迴的性質是什麼呢？輪迴的性質就是痛苦。

佛陀也曾經開示：「污穢的處所不會有香氣；輪迴的處所沒有安樂可言，都是痛苦。」污穢的地方，味道當然都很臭，不會有香氣。同樣的道理，在輪迴的處所，完全沒有快樂可言，輪迴的每個地方都是痛苦。

痛苦的類型

輪迴的處所並沒有超越痛苦的範圍，所以其性質是痛苦的。痛苦分成哪些類型呢？

三苦

有三種根本痛苦：苦苦、壞苦、行苦。

1. 苦苦：苦上還要加苦。例如惡道的眾生，他的處所就是痛苦；但是在這之上，地獄道還要加上冷熱的痛苦；餓鬼道還有飢餓、乾渴的痛苦；畜生道是愚笨無知、勞累工作的痛苦；人道有身體的病痛之苦，還要經常遇到運氣不順、家人爭吵等各種各類的痛苦。

2. 壞苦：善道大概都在壞苦中。不管天道也好，人道也好，都有眼前暫時的快樂，不過這些快樂並不是經常存在，而是會改變的。在無常的變化之下，快樂之後總是伴隨著諸多痛苦，所以快樂亦稱之為壞苦。「壞」是「改變」的意思。譬如有人今天身體很健康，心情也非常快樂，一切事情都很順利，可是一到明天，也許他就生病了，事業可能面臨破產，經常都會有很多的改變。或者天神在天道享用福報，非常的快樂，不過最後死亡時，還是會墮入到三惡道中。大多數的天神死亡後，都會墮入三惡道，這是因為他在天道的時間裡，他的心渙散在五妙欲的享樂，產生很多貪戀執著的煩惱，這些煩惱不善業就會引導他投生在惡道。他把以前累積的福報完全享用窮盡，前世的福報沒有了。人也是一樣，以人類而言，剎那、剎那間都在改變，隨時都在壞滅，所以有時候早上很開心，下午就變得不快樂；今年還很順利，明年可能一切都不順遂；有人前半輩子很順利，後半輩子則窮困潦倒。這些經常都會改變，所以快樂本身不是恆常持續，而是會不斷改變的，稱之為壞苦。

　　《佛子行三十七頌》裡面談到：「三有的安樂，就像草頭的露水一樣很容易消失。」三有的安樂就像草頭上的露水，是

剎那幻滅的情況。因此對於何時都不會改變的解脫安樂，要熱切的追求，這是佛子行。

3. 行苦：六道眾生全部都在行苦之中。簡單的講，行苦就是有漏五蘊的身體形成之後，由於這個身體會感得各種各類的痛苦，所以有時候我們會遇到苦苦、有時候會遇到壞苦。因為身體已經形成了，能夠感得這些痛苦，吸引這些痛苦，取得這些痛苦的基礎，所以稱之為行苦。一切痛苦聚集之處，一切痛苦的基礎，由有漏的身體得到後，接下來有時候會招感苦苦，有時候會招感壞苦。所以首先痛苦的因是業力和煩惱，有了身體之後會累積痛苦的因，這個有漏的身體會招感苦苦和壞苦，稱之為行苦。

總而言之，六道眾生有時是在造作痛苦的因，有時是在承受痛苦的果。只要仍投生在輪迴裡，便可以說苦苦和壞苦已經聚集在這個地方了，沒有超越痛苦的範圍。

六道痛苦

前面講的苦苦、壞苦與行苦，是對輪迴總體而言，但是每一道還有各自的痛苦。譬如：天道的痛苦是墮入輪迴；阿修羅

的痛苦是戰爭；人道的痛苦有八苦，即八大根本痛苦等。

　　人的根本八苦是：(1) 生、(2) 老、(3) 病、(4) 死、(5) 愛別離、(6) 怨憎會、(7) 求不得、(8) 不欲臨。

　　首先是前四項──(1) 生、(2) 老、(3) 病、(4) 死，經常被稱之為四大苦合，四大痛苦。

　　(5) 愛別離：跟自己親密的朋友，或者是自己最喜歡的人事物，經常都會面臨要分開或得不到的痛苦。

　　(6) 怨憎會：就是自己的仇人、敵人，總是冤家路窄，經常遇到；還有逆緣阻礙也會經常碰到。

　　(7) 求不得：得不到財物、受用之物，自己需要的東西、財物要非常努力的去尋找才能得到。

　　(8) 不欲臨：所遇到都是自己不想遇到的情況，這些逆緣阻礙經常都會發生。就算得到了受用之物，也很容易窮盡消失，所遇皆不順遂。

人道之苦

　　人有痛苦，內心經常焦慮不安或是陷入煩惱之中，這是內在的痛苦；或者是沒有外在的生活資具、生活的順緣，要勞累

辛苦的去追求；已經得到之後，又要戰戰兢兢的保護，深怕會溜走；得到之後還要累積更多，又繼續不斷的辛苦追求，造成更多的痛苦。所以人的一生都是在這些業力、煩惱、痛苦之中度過。

如果一個人沒有好好的實修佛法，我們仔細分析，不管他多麼的富有、多麼的有權有勢，大概二十四小時都活在痛苦之中，在痛苦與煩惱裡打滾。看他白天非常辛苦努力的工作，內心充滿擔心憂慮，根本沒有機會休息，身心處於極度疲倦勞累的狀態中，日復一日度過一生，甚至晚上還做惡夢，夢的性質也是痛苦，所以幾乎二十四小時都活在痛苦之中。

四聖諦

我們對於痛苦，應當要有深刻的了解和認識，之後便要產生脫離痛苦的想法。因爲了解痛苦非常重要，所以佛陀初轉法輪就是講四聖諦。

1.苦諦：四聖諦之中，首先開示的教法是什麼呢？就是苦。佛陀一開始教法就講：「此是苦，苦應知。」這是痛苦，痛苦一定要了解。因爲如果不了解痛苦，就不會有脫離痛苦的

想法。大多數眾生都是在無明的情況下遇到痛苦，卻根本不了解痛苦。所以佛陀說首先一定要知道痛苦。

佛陀講說的教法這麼多，最初的教法就是四聖諦，四聖諦裡面首先講的就是痛苦。所以「苦應知」，從這裡可以知道，對「痛苦」的了解是很重要的。

2. 集諦：集諦是業力和煩惱，這是痛苦的因。了解苦諦之後，我們就會想要脫離痛苦，所以積極努力的在尋找脫離痛苦的方法。這方法是什麼呢？佛陀馬上開示了「集諦」。「集應斷」，集諦應當要斷掉。

應當把痛苦的因 —— 業力與煩惱滅掉。首先是「苦應知」，要知道痛苦是什麼，知道了之後就要離開它。怎麼離開痛苦呢？所以「集應斷」，應當把痛苦的原因，集諦這部分業力煩惱滅掉。

如果按照因果的順序來排列，應當是集諦在前面，苦諦在後面——由因生苦。按照推理的順序分析，因當然在前面，果在後面，所以集在前面，苦在後面。不過佛陀開示時，是說適合實修的方式。所以如果不了解痛苦，就不會產生想要脫離痛苦的想法，不會去斷除集諦。

3. 滅諦：首先要了解痛苦的性質，已經知道痛苦之後，當然就會在怎麼把痛苦滅除的方法上好好努力，所以接下來就講滅諦。已經了解痛苦了，我就去尋找痛苦的因是業力與煩惱，因此就努力把業力和煩惱滅除。

4. 道諦：把業力和煩惱滅除的方法，就是道諦。道諦就是業力與煩惱的對治力。我們了解痛苦之後，就會努力去了解痛苦的因，並且把它滅掉，而滅掉的方法就是道諦。

我們在輪迴中，應當要先了解輪迴的性質是痛苦，把痛苦再三再三的思惟清楚，做聞、思、修，漸漸地就會產生想要脫離輪迴的想法，接著厭離之心、出離之心就產生了。所以先了解痛苦，之後就容易產生出離之心。

解脫的因

要在內心產生出離心，必須將這輩子的貪戀執著遮滅掉，對下輩子的貪戀執著也要淨除。要做到這一點，便需知道輪迴的性質是痛苦。了解痛苦的因，因而產生出離心，熱切追求解脫和一切智的果位。譬如我們的導師佛陀，示現投身在皇宮裡，看盡生、老、病、死的痛苦後出家了。這便是先產生出離

心，進而捨棄王位。

　　以前導師佛陀，還有許多的諸佛菩薩，也都是如此。對於輪迴的痛苦有所了解之後，才能努力的做實修，逐漸成為佛學大博士、大成就者，成就菩薩和成佛的果位。之所以能夠得到這些果位，根本之處、基礎，就在於出離心。因為出離心的緣故，得到這樣的效果。假如沒有純正的出離心，雖然做了許多的布施、持戒等善行，仍然不能夠成為解脫的因，或者是一切智果位的因。

（三）產生出離心的標準

　　產生出離心的標準是什麼？如何衡量？就要講下面這個句子了：

> 修後於諸輪迴福，剎那不生羨慕心，
> 日夜欲求得解脫，爾時已生出離心。

　　「修後於諸輪迴福」，就是把前面的觀修──斷今生執、斷後世執，好好的串習實修之後，對於輪迴中美好、快樂、幸

福的事情，「剎那不生羨慕心」，即使是一剎那的羨慕之心，也都不會產生的。「日夜欲求得解脫」如果產生，「爾時」是那個時候，也就是這種心產生的那個時候，「已生出離心」，就是產生出離心的時候。內心日日夜夜追求解脫的想法，那時就是出離心產生的時候了。

　　所以有沒有產生出離心，衡量的標準是什麼呢？就是用這個來衡量。這個句子是指，我們前面所講無常的觀修、輪迴痛苦的觀修、業力因果、暇滿難得……等等，各種各類的方式，我們廣大的做聽聞、思惟、觀修，串習久了之後，到了某一天，就會覺得輪迴的快樂、幸福、美滿等都是沒有意義的，根本就沒有實質可言，一切的性質都是痛苦。當這種想法產生的時候，便開始日日夜夜追求解脫，想要脫離輪迴的想法自然而然就在內心產生。當這種離開輪迴、追求解脫的想法，日夜在內心自然出現的時候，就是純淨出離心產生的時候。

密勒日巴的出離心

　　密勒日巴尊者小時候遭受到叔叔許多的迫害，之後他學習毒咒，殺了很多人，然後產生後悔之心。產生後悔之心的原

因，就是因為對於三惡道和輪迴感到強烈的害怕。所以他猛烈的產生熱切追求實修的想法，心中無時無刻都對於三惡道的痛苦感到恐懼害怕，白天吃不下飯，晚上睡不著覺，輾轉反側，心裡想著：「什麼時候我才能夠遇到上師、善知識，好好的實修佛法？什麼時候我才能夠實修純正解脫的法？什麼時候我才能解脫輪迴一切的痛苦？」渴求之心非常的強烈。

難陀的出離心

久遠以前，佛陀有一位堂弟名叫難陀。難陀對輪迴的貪戀執著比較強烈，他的太太也非常漂亮，佛陀好幾次鼓勵他出家，他都不願意。有一次，佛陀帶著難陀在森林裡散步，看到了猴子，佛陀就問難陀：「這隻猴子跟你太太比起來怎麼樣？」難陀就說：「唉呀，那怎麼能比！我的太太美若天仙，是印度的大美女啊！」

就因為他對輪迴的貪戀執著，所以沒有出家做實修。有一天，佛陀就用神通把難陀帶到天界，在天界看到非常美麗莊嚴、無量無邊的天宮。但是有一座天宮，裡面沒有天子，卻有很多的天女，在那裡做很多的佈置，準備了豐盛的食物，好像

要迎接客人一樣。難陀看了覺得很奇怪，就問這些天女：「為什麼要準備這些食物？是要迎接誰嗎？」天女回答說：「現在人世間，有一位釋迦牟尼佛，他的堂弟難陀，不久之後會出家，出家之後他持守戒律、廣行善業，因此當他涅槃後，就會投身在天界。我們正在準備的這座無量宮，就是要給他住的。」

　　天宮裡的受用快樂無比，讓難陀產生了強烈的追求之心，等他回到人界的時候，立刻就跟釋迦牟尼佛報告：「我要出家了！」這時釋迦牟尼佛問他說：「你看天神的天女跟你太太比起來怎麼樣？」他說：「哦，我太太就跟我們上次看到的猴子一樣。」從此他就跟佛陀出家了。

　　難陀出家後，佛陀又下了一個命令，他跟阿難、目犍連、舍利子等大師兄說：「難陀雖然已經出家，但他不是純正的出家人。為什麼呢？因為他內心懷著強烈的期望和渴求之心而持守戒律。什麼期望呢？他想要投身在天界。所以他不是純淨的持戒者，所有的人都不要跟他在一起。」

　　因此沒有人跟難陀講話，也不跟他一起生活。難陀是佛陀的堂弟，照理說地位非常尊貴，可是卻沒有人理他，不跟他說

話，也不跟他坐在一起。難陀出家了一陣子以後，覺得非常灰心沮喪，心想：「奇怪，爲什麼大家都不理我？」

　有一天，難陀跟導師佛陀報告：「現在這些僧團僧眾，都沒有人理會我，不跟我在一起，我的心情眞是糟透了。」佛陀就說：「好吧，那我帶你出去散步。」又把他帶出去了，不過這次是帶到了地獄去。

　地獄裡的景象非常恐怖，難陀看了，心膽俱裂。一般來講，地獄中有很多的鐵屋，鐵屋裡面有巨大無比的鐵鍋，四周有很多的牛頭馬面，屋子裡有很多的有情眾生，正在鐵鍋中被油煮，痛苦無比。難陀看到了這番景象後，驚恐萬分。接著他又看到了一個鐵屋，裡面同樣有一個很大的鐵鍋，燒著熊熊的烈火，四周也是牛頭馬面，但是鐵鍋裡卻一個有情眾生都沒有。難陀覺得很奇怪，就問牛頭馬面說：「別的地方都有很多有情眾生在鐵鍋裡受到猛烈的痛苦，爲什麼這裡沒有呢？」牛頭馬面就回答：「現在在人類的世界上，佛陀稱爲釋迦牟尼佛，釋迦牟尼佛有一位堂弟叫做難陀。難陀之所以出家，是因爲他抱著期望持戒，所以戒律守得很好。但因爲他是期望持戒之故，所以不會解脫，而會投生在天界享樂，等到他在天界的

享樂、福報全部用盡之後，他就要投生在地獄，也就是現在這個地方。所以我們現在正在準備，等著他來呢！」

難陀聽了之後，差點因過度驚懼而昏倒。這時，他心裡產生了純淨的出離心，覺得三界的輪迴裡毫無精華可言，在天界的快樂享用完畢後，還要承受地獄的痛苦，而地獄的痛苦是非常猛烈的，恐怖得不得了。當釋迦牟尼佛把難陀帶回人界後，他變得跟以前不一樣了，因為他的內心產生純淨的出離心。因此，釋迦牟尼佛又下了一個命令：「從現在開始，難陀是一位純淨的比丘，大家可以跟他一起生活、一起說話、一起吃飯了。」

清淨的持戒

「期望的持戒」就是在持守戒律的時候，內心有一個期望，因為要滿足這個期望，所以持守出家的戒律。這個期望也許是希望下輩子能投身在天界得到快樂，或是這輩子得到別人的供養，幸福快樂，因此我持守戒律。這不是清淨的持戒，而是期望的持戒，也就是有願望的持守戒律。

或是我這輩子生活很辛苦、很勞累，賺不到錢，為了免除

這些生活上的辛苦，因此我出家持守戒律，這就是「畏懼的持戒」。因爲生活的辛勞而恐懼、害怕，因此出家持守戒律；因爲持戒之故，這些生活上的辛勞、恐懼就可以去除，這就是畏懼的持戒。

　　畏懼的持戒、期望的持戒，都不是持守清淨的戒律。持守清淨的戒律，意思是什麼呢？是指在出離心的攝受之下所持守的戒律，才算是持守清淨的戒律。因此，持守戒律是否清淨，要看有沒有出離心，以此作爲標準。一樣的道理，其他的善行也都是如此。從事其他的任何善行時，是否有出離心？如果有，這個善行是解脫的因；如果沒有，再做怎麼偉大的善行都無法得到解脫。所以我們在聞、思、修方面，要廣大深入地好好的學習，長久的實修，務必要使內心產生不假造作純淨的出離心，這是非常重要的。

清淨的出離心

　　我的一位上師，名叫康波仁波切，是一位大成就者。康波仁波切提到他小時候學法的經歷，也是非常的稀有奇特。他從小出家的想法就非常強烈，但是自幼即被送給一個非常富有的

家庭當養子，這個家庭希望他將來能夠接管家業。但是他從小出離心就很強烈，常常躲到寺廟裡去，準備要出家，可是都被家人帶回去。當他到山上去放牧牛、羊時，甚至用石頭把自己的頭髮砍斷，希望能夠出家。他的心裡常常想著：「我什麼時候能夠出家？什麼時候能夠學習佛法？什麼時候能夠做實修呢？」甚至晚上在睡夢中時，因為希望能夠出家而痛哭流涕，醒來時發現枕頭全部都濕掉了。這就表示他內心的出離心真的非常強烈，而出離心的產生就像是這樣子。

行者與出離心的標準

在純淨的出離心還沒有產生之前，我們要像這裡所談到的各種方式，再三觀修。如果是上等的出離心，是上等的行者；中等的出離心，是中等的行者；末等的出離心，是末等的行者。算不算是一個行者，是以出離心來做標準。他是不是一個行者？就看他有沒有出離心。他的修法是否純淨？也是以出離心做標準。有出離心，便是純淨的持修；沒有出離心，不管怎麼實修都不能算是純淨的實修。

二、菩提心

關於菩提心的部分，還是分三段來說明：（一）產生菩提心的必要性何在？（二）產生菩提心的方式是如何？（三）怎樣的衡量標準，算是產生菩提心？

（一）產生菩提心的必要性

首先是產生菩提心的必要性何在？用下面這個句子來講解：

> 倘若於此出離心，未以菩提心攝持，
>
> 不成菩提樂因故，智者當發菩提心。

我們已經產生強烈的出離心，但是若欠缺菩提心，則我們的善行實修，將來只會得到解脫的果位，會脫離輪迴，但不會成就佛果，因為我們不具足成就一切智的因。譬如聲聞、獨覺的羅漢，出離心當然非常強烈，也努力實修精進，脫離了輪迴，但是有沒有成就佛果呢？沒有。為什麼？根本原因就在於欠缺菩提心之故。所以了解出離心，但是欠缺清淨的發菩提

心，就無法成就無上菩提的佛果。聰明的人就會發現，光是產生出離心還不夠，因為還欠缺成佛的因。成佛的因就是利他的心──菩提心。菩提心一定要產生，這是非常重要的。

共通乘門與不共乘門

這裡提到發菩提心，大、小之別在於菩提心。我們經常提到佛法裡有大乘和小乘，這是大家都了解的。但是大乘和小乘的差別在哪裡呢？就在於菩提心。有菩提心，所修的法才算是大乘的法；沒有菩提心，這種法就是小乘的法。所以大乘和小乘的差別，是以菩提心來做區分的。如意寶大堪布晉美彭措法王開示說：「我們經常提到大乘、中等乘、或者是小乘。聲聞、獨覺是小乘。但小乘聽起來不好聽，感覺好像比較差勁一樣。所以應當稱之為共通乘門或不共乘門，會比較好。」聲聞、獨覺算是共通的乘門，不共的乘門就是大乘。共通乘和不共乘門的差別在哪裡呢？就在發菩提心。

成佛之因──菩提心

我們所實修的大乘法，其根本基礎是菩提心。而且成就一

切智的果位，其根本也是要靠菩提心。以前西藏的大博士巴楚仁波切（又譯爲華智、巴祖、巴珠仁波切，是寧瑪派偉大的上師），是非常有名氣的大成就者。他開示說：「有此即成佛，無此不成佛。」成佛的純正因──發起菩提心。有了菩提心，就能夠成就佛果；沒有菩提心，成就佛果的方法就沒有了。成就佛果最主要的因，就是菩提心。所以鼓勵大家要發菩提心。

　　巴楚仁波切又說：「如果捨棄菩提心，修生起次第、圓滿次第，修靜慮、禪定，說這樣子就當作實修，等於是把九座城市的大便，全部放在嘴巴裡一樣啊！」成就佛果最爲重要的利他根本，就是菩提心。可是現在觀想菩提心都不做，不做菩提心的實修，卻說其他的實修非常重要，譬如佛陀所開示的很多重要實修法：密咒乘的生起、圓滿次第的實修，或是大手印、大圓滿的實修，或是顯教乘門裡的禪坐、靜慮等等。如果有人捨棄了菩提心，卻另外去修這些甚深的法，說這樣是非常好的實修方式，就等於是把九座城市的大便，全部塞進他的嘴裡一樣啊！這是隨便亂說、胡說八道啊！巴楚仁波切以這個比喻來斥責這些實修者。可見要成就佛果，最主要的一個主因，就是菩提心。若欠缺菩提心，就像巴楚仁波切所談到的，不管做什

麼實修，都不會成就佛果。

　　就我們所了解，許多的諸佛菩薩能夠得到究竟的果位，是爲什麼呢？在《入中論》裡，月稱菩薩講了一個偈子：「聲聞中佛能王生」，聲聞中佛由能王而產生。中佛是獨覺、聲聞弟子，他們是因爲能王——釋迦牟尼佛開始了四聖諦、十二緣起的教法，因此得到聲聞、獨覺的果位。所以，聲聞、獨覺稱爲中間的佛，他們是由能王而產生的。那麼能王佛陀又是從哪裡產生的呢？「諸佛復從菩薩生」，能王由菩薩而產生。「佛」爲什麼會成佛呢？因爲成佛之前是菩薩，所以前面要修各種的菩薩行，之後地道功德增長，依此初地一直進步到十地，之後成就了佛果。所以佛的前因，當然是菩薩。因此佛是由菩薩而來的，這是成佛的一個因。其次還有一個因，即是菩提心。因爲佛陀在很久很久以前，發起菩提心之後，歷經多生多劫，廣大的積聚兩種資糧，資糧徹底圓滿之後，當然也就成就了佛果。所以，聲聞、獨覺從佛而來。佛從菩薩而來，菩薩又從何而來呢？接下來講「大悲心與無二慧，菩提心是佛子因」。悲心、無二慧是無上菩提因，菩薩當然就是由悲心、菩提心而來。因爲發起菩提心之故，還有悲心、無二的智慧，這是無上

菩提的原因。

《入行論》中也談到：輪迴的弱小眾生，在產生菩提心的剎那，就成為了菩薩，是天人禮敬頂禮的對象。這是說在輪迴監獄裡的弱小眾生，弱小的原因是因為受到業力煩惱的束縛壓迫，這樣的凡夫眾生，假設有一剎那，內心產生菩提心，他就變成真正的菩薩，是天人恭敬頂禮的對象。所以我們都知道，菩提心非常重要。我們也常常提到：「佛菩薩！佛菩薩！」佛是由菩薩而來，但是菩薩是如何產生的呢？是由菩提心產生。當內心產生菩提心的時候，他就成為菩薩。一旦產生菩提心，就會累積廣大的福德資糧，善根也會非常廣大。

菩提心的善根果報

所以《入行論》中談到：「菩提心之外，其他的善行就像芭蕉一樣，果報只能成熟一次；而菩提心的善行，就像是如意樹一樣，果重重無盡。」這是用比喻來解釋。大家知道菩提心之外的其他善行，這種善行將來會產生福報。不過這個福報就像芭蕉樹，開出美麗的花朵、結出芭蕉後，這棵樹就死掉，無法再結果了，因為芭蕉樹只能結一次果。善行也是這樣，將來

成熟出天人的享樂後，善根就沒有了，因為它的果報已經出現了，所以善根就窮盡了。可是菩提心的善根並非如此。菩提心的善根就好像一棵很大的如意寶樹一樣，每年、每年不斷的長出果實，重重無盡，一邊享用果實，它還一邊不斷的生長，無量無數次，沒有窮盡；不像芭蕉樹，吃了一次水果，樹就死掉了。在我們沒有成就佛果之前，菩提心的善根所成熟的果報，重重無盡，會不斷的出現。

菩提心的清淨罪障

不僅如此，菩提心在清淨罪障方面也有極大的威力。所以《入行論》也做了比喻：「一個罪大惡極、造作不善業之人，只要內心產生菩提心，就像星星之火可以燎原一樣，乾燥的草原只要一點點火花就可以全部燃燒殆盡。」所以就算這個人罪大惡極，造作了很多的罪業，只要他的內心產生菩提心，就會把這些罪業全部清淨去除。

《入行論》又說：「同樣的道理，三惡道的痛苦，因為菩提心的緣故，也可以得到救度。」《入行論》中說：「依於彼」，依於它可以得到救度，依於它可以脫離恐懼。打個比

喻，如果有一個人要到另外一個地方去，那個地方到處都是毒蛇猛獸，路上有很多的土匪強盜，不過如果有個大力士陪伴他一起去，就絲毫不會害怕，因爲他身旁有保護者。一樣的道理，如果我們墮入在三惡道的處所，當然會十分恐懼，但是如果實修菩提心，產生菩提心，對這些痛苦就不會感到害怕，也能夠脫離這些痛苦了。

《入行論》裡又說：「今天投身佛家族，今天成爲佛長子。」這是指如果內心能夠產生菩提心，在產生菩提心的一刹那，就是屬於佛的種姓，投身在佛的家族，將來能夠成就佛果，而且今天就成爲佛陀的兒子，並且是佛陀的長子。所以今天投身佛家族，今天成爲佛長子。而且三有輪迴的痛苦、恐懼、害怕，也因爲菩提心的產生，而能夠得到救度，免除這些痛苦恐懼。所以「有此則成佛，無此不成佛」。基於前面所談到的各種原因，我們就可以了解菩提心眞的非常重要。

所以對於菩提心，應當廣大的做聞、思、修，還要好好的發願，用各種方式來觀修，務必要使菩提心能夠產生。因此這裡才提到：「智者當發菩提心」，「智者」是指內心非常聰明、有聖慧的人，知道菩提心非常重要，一定要發菩提心。前

面所講解過的內容，就是有無出離心，會決定所修的法能不能
夠解脫。菩提心的有和無，就會決定所做的善行實修能不能成
為證得佛果的因。所以，我們做任何大大小小的善行實修時，
這個實修本身純淨不純淨？能不能得到解脫？要看有沒有出
離心。而這個實修本身能不能證得佛果，就要看有沒有菩提心
了。

（二）產生菩提心的方式

其次是產生菩提心的方式，現在直接說明正式發起菩提心
的方式是什麼？下面是頌文：

> 思為猛烈四瀑沖，難擋業索緊束縛，
>
> 困於我執鐵網內，無明黑暗所籠罩，
>
> 輾轉投生三有中，不斷感受三大苦，
>
> 成此慘狀諸慈母，是故當發殊勝心。

前面提到過，所有的眾生都曾經做過我的父母，不曾做過
我父母的眾生可說根本不存在。這些像父母親一樣的眾生，現在

的處境是如何呢？在凶猛四大河流裡漂流，就是眾生現在的情況啊！

四瀑沖，意思是四大河流，從因方面是：(1) 欲求之心，(2) 見地，(3) 三有，(4) 無明，這是因。因階段的四大河流，就是業力和煩惱。

從果方面的四大河流也是一樣：(1) 欲漏，(2) 見漏，(3) 有漏，(4) 無明漏。

從因與果的方面四大河流，使眾生在三有輪迴裡不斷的流轉，不斷的輪迴，無法脫離業力繩索的緊緊束縛，所以「思為猛烈四瀑沖，難擋業索緊束縛」。而且這些眾生「困於我執鐵網內」，「我執」是指自己的執著、恆常的執著，像堅固鐵網般的我執，已經陷入在裡面了。「無明黑暗所籠罩」，輪迴根本的無明像層層的黑暗一樣籠罩著四周。這些眾生從無始輪迴以來，在三有輪迴之中不斷的持續，所以「輾轉投生三有中」，以前已經投生了無數次，將來還要投生無量無數次，繼續投生在輪迴裡面。「不斷感受三大苦」，在輪迴裡不斷的投生之後，又會怎麼樣呢？要時時受到苦苦、壞苦和行苦不斷的逼迫傷害，再三的受到這三種痛苦的壓迫。「成此慘狀諸慈

母」，眼前像我們母親一樣的一切眾生，已經變成這種淒慘的情況了。我們要對一切眾生的情況好好的想一想，「是故當發殊勝心」，無論如何一定要產生菩提心。「殊勝心」就是指菩提心。

如何定義菩提心？

如何界定菩提心呢？彌勒菩薩在《現觀莊嚴論》裡給菩提心作了一個定義：「發心者利他，渴求證菩提。」發心者是要利益眾生的想法，再加上渴求要得到純正菩提的想法，把這兩種想法結合在一起後，稱之為菩提心。

我們已經了解一切眾生都在輪迴之中受苦，然後心裡面想著：「我要使他們都徹底脫離這些痛苦，安置他們得到解脫和佛果，因此我要熱切追求佛果。」這種想法不假造作的產生，就是菩提心。所以，「悲心」要緣取於眾生，「悲心」要針對一切的眾生；「聖慧」要緣取於「我要安置眾生來成就佛果」，然後產生自己要成就佛果，對佛果菩提有強烈的欲求之心、渴求之心，這些心都產生的時候，就稱之為「菩提心」。

三種發心的方式

發心可分成三種：1. 像牧童的發心，2. 像船長的發心，3. 像國王的發心。

1. 牧童發菩提心

首先是牧童發菩提心，意思是：牧童一早起來後，一定會先把牛羊趕到有水有草的地方，讓牠們去喝水、吃草，然後自己才吃東西；傍晚時分再把牛羊趕回柵欄裡讓牠們休息，然後自己才能休息。一樣的道理，我先安置遍滿虛空的如母有情眾生成就佛果之後，我才要成就佛果。發起這種菩提心，即是牧童發菩提心。

2. 船長發菩提心

船長是划船的人。旅客坐在船上，划船的人也坐在船上，邊划著這艘船，把他和旅客同時載到對岸去，所以是雙方同時到達對岸。就像駕駛船的船長一樣，菩薩心裡想著：「我要和眾生同時成就佛果。」以這種發菩提心來追求佛果，這種菩薩

的菩提心，就是船長發菩提心。

3. 國王發菩提心

　　國王發菩提心是指：首先自己一定要先成為一個國家的領導人，整頓軍隊、制定國家的法律，然後才去利益百姓眾生，讓每個人民的生活都幸福快樂。所以菩薩發心時這樣想：「我先成就佛果，等我成佛之後，再安置眾生使他們都成就佛果。」這種菩提心，就是國王發菩提心。

　　這是按照菩薩本身發心時的心力強弱程度，內心的力量堅強度分成大、中、小，所以發心也分成大、中、小。心力非常強大的，是牧童發菩提心；心的力量中等的，是船長發菩提心；內心的力量比較薄弱的，是國王發菩提心。這種分類是按照內心力量的大小程度，是屬於從本質方面來區分菩提心。

發心的實施

　　內心想著：「我要安置眾生成就佛果。」這種想法就是菩提心。不過就發菩提心而言，應當要追隨牧童發菩提心；但是就發菩提心的實踐而言，應當要追隨國王發菩提心。若以方式

而言，應當要選擇上等，即牧童發菩提心。內心一定要想著：「我要利益眾生，安置眾生使他們成就佛果。我要這樣努力去做，讓眾生先成就佛果。」如此心力最為廣大，所以在發心的方式上，應當要選擇牧童發菩提心。

可是真正在日常生活中實踐時，應當按照國王發菩提心的方式來做。因為自己目前並沒有能力安置眾生成就佛果，使他們得到究竟的安樂。什麼時候才有這種能力呢？要自己先成就佛果啊！所以是自己先成就佛果之後，有佛行事業，用佛行事業去利益眾生，使他們成就佛果。因此在日常生活中真正付諸行動實踐時，應該要選擇國王發菩提心。

兩種菩提心

菩提心分成兩類：1. 願菩提心，2. 行菩提心。

《入菩薩行論》中約略劃分菩提心，分成願菩提心和行菩提心。這就好像「想要走」和「正在走」，智慧者應當分辨清楚。

1. 願菩提心

例如為了利益眾生，我要去菩提迦耶金剛座這個地方，內

心有這種渴求之心：「我很想去。」這就是願菩提心。「爲了利益眾生，我要成就佛果。」這是願菩提心。

2. 行菩提心

現在我已經買了票，坐上飛機，付諸行動往菩提迦耶去了。這稱之爲行菩提心。爲了利益眾生，我要成就佛果，開始要怎麼做呢？要開始行布施、持戒、安忍等，做六度波羅蜜的實修，這是行菩提心。

菩提心的其他分類

菩提心的分類方式還有很多種。例如用比喻來講菩提心，有二十二種。譬如：大地、黃金、火、還有月亮等，一共有二十二個比喻來說明菩提心。如果用界限、段落的方式來分類，則有資糧道、加行道、見道、修道、無學道五種。所以菩提心的分類方式有很多種，前面講的是以菩提心的本質去界定、分類。而無論是二十二種也好，分成五種也好，都包括在前面所講的分類當中。

實修菩提心方式

要在內心產生菩提心，方法當然要靠實修。實修菩提心的方法是什麼呢？最主要的有兩種：

1. 廣大行的方式

第一種是慈氏彌勒傳給無著所傳承下來實修菩提心的方式，就是「廣大行」的傳承實修方式。

廣大行的傳承，之後就傳到了佛尊阿底峽，所以他講解的是用七種口訣的教誡來做實修，即是因果七教誡。透過這個實修來產生菩提心。

因果七教誡

阿底峽尊者「因果七教誡」實修的方式是如此：

(1) 知母：首先要知道眾生都曾經做過我的母親，這是第一項「知母」。

(2) 念恩：眾生都曾經做過我的母親之故，因此我要懷念她，好好的想一想眾生對我的恩惠，這是第二項「念恩」。

(3) 報恩：因爲眾生對我有廣大的恩惠，我就要有報恩之心，這是第三項「報恩」。知道眾生都曾經是我的母親，對我都有廣大的恩惠，所以今天我就立刻產生報恩之心，要報答眾生對我的恩惠。

(4) 悅意慈心：產生報恩之心後，看到眾生就會覺得他們就像我的慈母一樣，我的內心就會非常快樂，這是「悅意慈心」。

前面知母、念恩、報恩三個項目是慈心的因，由這三個因，就會產生一個果，就是以慈心做爲果。慈心是看到眾生，我們內心就會非常的快樂，所以叫做悅意慈心。

(5) 悲心：慈心之後就會產生悲心，希望眾生遠離一切痛苦。

(6) 增上益樂：是指自動自發地去利益眾生、幫助眾生。是我自願去做，而不是被強迫的，這種想法叫做「增上益樂」。

悅意慈心、悲心和增上益樂這三個又做爲原因，就會產生菩提心。

(7) 菩提心：靠著這個方式，再三的禪修，純正的做實修，內心一定會產生菩提心，這是產生菩提心的實修口訣。

按照口訣來觀修

　　實修的時候，首先應當要觀想，先從對我有大恩惠的父母親開始。知道一切眾生都曾是我的父母親，或者其他對我有廣大恩惠的眾生也可以。念恩的時候，我就要想一想，眾生對我的恩惠非常偉大，由此產生報恩之心，因為報恩之心很強烈之故，慢慢的就會產生悅意的慈心，希望眾生都能夠快樂，之後就會產生悲心，希望眾生能夠遠離痛苦，自己自然會自動地想要去利益眾生，產生增上益樂之心。以這種慈心、悲心、增上益樂，由自己的親人、陌生人，慢慢擴及到仇敵，遍及一切的眾生之後，就會產生菩提心。所以按照因果七教誡的步驟一個一個做實修，就會產生菩提心。

2. 甚深見地的方式

　　這是文殊菩薩傳給聖者龍樹所流傳下來實修菩提心的方式，是「甚深見地」的傳承。

　　甚深見地的傳承，傳到寂天菩薩，所以寂天菩薩在《入菩薩行論》中所講，是甚深見地的傳承實修方式——自他交換。靠著自他交換的方式，不斷的觀修，最後產生菩提心。

自他交換的實修

按照寂天菩薩的方式，「甚深見地」要怎麼做實修呢？

在《佛子行三十七頌》裡面有談到自他交換的實修方式：「無始劫來慈憫恩，諸母若苦我何樂？爲度無邊有情故，發菩提心是佛子行。」從無始輪迴以來，眾生都曾做過我的父母親，對我都有非常廣大的恩惠。假設這些像母親一樣的眾生，現在正在地獄、鬼道或輪迴裡受到痛苦的逼迫。「諸母若苦我何樂？」我一個人快樂又有什麼必要和意義呢？對我有大恩惠的這些母親，全都在輪迴之中受苦，我又怎能自己一個人去享樂呢？

「諸苦由貪自樂起，佛從利他心所生，故於自樂與他苦，如實交換佛子行。」因此爲了利益眾生，我的快樂應該和眾生的痛苦交換，把我的快樂給眾生，而由我來承受眾生的痛苦，如實交換是爲佛子行。這是菩薩的行爲，是自他交換的實修。

實修的重要性

《入行論》裡還有一段話：「我與眾生苦，若不純正換，不能成佛果，輪迴無安樂。」我自己的快樂和眾生的痛苦，若沒有很純正的交換過來，我就不會成就佛果。這是指究竟上不

會成就佛果，將來也不會成就佛果。

在沒有成就佛果之前，每一世我投生在輪迴裡的時候，「輪迴無安樂」，在輪迴中，我沒有快樂可言，只會遭遇痛苦。確實是如此，如果不能靠著自他交換產生菩提心，一旦欠缺菩提心，是絲毫不會成就佛果的。因為成就佛果的原因是菩提心，如果沒有按照自他交換或是因果七教誡來做實修，便不會產生菩提心；沒有菩提心，當然也就不會產生佛果。

在輪迴之中因為不做自他交換，也不做因果七教誡的實修，內心愛我執的力量會非常強烈；愛我執的力量很強烈之故，貪戀、瞋恨、愚癡等煩惱的力量就會非常強烈；這些煩惱的力量很強烈，就會造作罪業；這些罪業將來成熟果報，下輩子只會墮入三惡道，受到重重無盡不可思議的痛苦。

什麼是「愛我執」？

不修自他交換和因果七教誡，也沒有觀修菩提心，這樣的人一定喜歡捨他為己、自私自利，為了自己的利益，不惜捨棄別人。他這輩子一定很容易斤斤計較，內心絲毫不會快樂，貪戀和瞋恨都很強烈，內心不斷受到煩惱的擾亂。這個人生活在

社會裡，跟周圍的人一定常有紛爭，身體和語言不是很寂靜調伏，所以身體不舒服，內心也不快樂，總是生活在痛苦之中。

　　不管在寺廟僧團也好，在社會的人群之中也好，如果自己總是想著：「我要生活得非常好，我才是最重要的，我要得到快樂，至於別人怎麼樣，根本就不重要，別人的事跟我毫無關係⋯⋯」，這種想法就稱之為「愛我執」。

轉換「愛他執」

　　因為愛自己，把自己放在最前面、最重要的位置，這種愛我執是自私自利的想法。如果一個人有這種自私自利的想法，不管是在寺廟的僧團中也好，在社會的人群中也好，內心都不會快樂。因為他凡事一定會斤斤計較，而且會爆發很多的紛爭麻煩，是重重無盡的。

　　為了把這種愛我執、自私自利的想法去除，《入行論》裡面說的實修方式，是以「自他交換」來做實修。首先要了解自他是平等的，自他完全相等之後，進入自他交換的實修，最後把愛我執徹底去除。一切純粹是愛他執，「他」最為重要。所以最後就是愛他捨己，這樣子來做實修。

實修的基礎：四無量心

總之，不管是佛尊阿底峽尊者的因果七教誡，或者是寂天菩薩的自他交換口訣，這些實修的根本基礎是以四無量心來修心。四無量心是：

1.慈無量心：緣取的對象是一切眾生，緣取之後，思惟希望這些對境，我要利益一切眾生，使他們都能夠得到幸福快樂。這種想法稱之爲慈無量心。慈心是給予快樂，希望眾生能得到快樂，這種想法稱之爲慈心。

2.悲無量心：跟前面一樣，緣取的對象是受到痛苦壓迫的一切眾生，我的內心思惟希望眾生都能夠脫離痛苦，我要使眾生的痛苦皆能消除，若眾生皆能遠離痛苦該多麼的好！這種想法就稱之爲悲心。悲心是指願眾生皆能遠離痛苦的想法，希望對境遠離痛苦。

3.喜無量心：指希望眾生能夠離苦得樂。如果眾生能夠遠離痛苦，得到快樂，該有多麼的好！我的內心將喜悅無比，非常高興，稱之爲喜無量心。我要幫助眾生，使眾生能夠得到快樂，並且遠離痛苦，這樣我的內心就會很高興喜悅。這種想法

就是喜無量心。

4. 捨無量心：我們都希望自己的朋友、親戚能夠順利快樂；但是對於仇敵或不喜歡的人，就希望他窮困潦倒，遇到逆境，這種想法就稱之爲偏心，偏向某一方。現在不要有這種情況，因爲一切眾生都希望離苦得樂。譬如我希望自己能夠離苦得樂，我的父母、兄弟、朋友也希望能夠離苦得樂，甚至我的仇敵也希望離苦得樂，一定是這樣的。

一切眾生都希望離苦得樂之故，因此我希望一切眾生完全能夠得到快樂，也能夠從痛苦中脫離，毫無差別。並沒有針對某一個眾生，而是希望一切眾生都能夠離苦得樂，平等地對待一切眾生，這種想法稱之爲平等捨。

為什麼稱為「無量」心？

爲什麼把這四種心稱之爲無量心呢？

1. 對象無量：首先是這四種心緣取的對境都是無量的。因爲是緣取遍滿虛空的眾生，所以從對境來講是無量無邊。「心」針對無量無邊的眾生，產生慈心、悲心、喜心和捨心。因爲所針對的對象無量無邊，所以這四種心稱之爲無量心。

2. 心量無量：其次，就這四種心而言，因為能夠緣取一切眾生，所以這個心本身，其心量是非常廣大不可思議的。從心量本身廣大不可思議而言，就稱之為無量心。

3. 功德無量：從功德利益上而言，也稱之為無量心。因為緣取遍滿虛空的眾生，如此產生慈、悲、喜、捨，當然會累積廣大的福報和利益。所以從利益廣大無邊而言，這四種心也稱之為無量心。

如何契入四無量心？

按照四無量心來修心的時候，最初為了使我們能夠產生菩提心，應當要選擇比較容易觀修的對象。所以首先要選擇對自己最有廣大恩惠，愛心最為強烈，最愛我、最照顧我的對象，針對他來修慈、悲、喜、捨四無量心。然後再慢慢擴充到其他更多的眾生，最後遍及到所有的眾生來修四無量心。

當四無量心產生的時候，菩提心自然就很容易產生。因為希望眾生離苦得樂，而且對待眾生都毫無差別，所以悲心很強烈，希望一切眾生都能夠脫離痛苦；慈心也很強烈，希望一切眾生都能夠得到快樂。因為有捨無量心之故，對待一切眾生毫

無差別，不會偏私，也沒有偏袒。

　　如果要使眾生離苦得樂，那麼脫離痛苦後得到的是什麼呢？解脫的果位。解脫的果位能夠徹底脫離輪迴的一切痛苦。希望眾生得到快樂，就會發現要使眾生得到佛果，因為佛果是究竟不變的快樂。而且希望一切眾生遠離輪迴的痛苦，同時得到究竟不變的安樂佛果；這是因為前面有捨無量心，所以不會偏向於某一個眾生，而是希望一切遍滿虛空的眾生全部都是如此，全部都離苦得樂，解脫輪迴的痛苦，得到究竟安樂的佛果。當這種想法產生的時候，就是菩提心。

受持菩薩戒的方式

　　實修菩提心的方式，是佛尊阿底峽流傳下來的因果七教誡，以及寂天菩薩的自他交換的實修方式，再加上前面所提到的基礎是四無量心。按照這些方式，自己廣大的修心。

　　但是在修心之前，要先得到菩薩的戒律，亦即菩提心的戒律。先有菩提心的戒律，然後按照修心的口訣教誡再三的觀修之後，不假造作的菩提心一定可以產生。受持菩薩戒時需注意：

　　1. 應在佛經、佛像、佛塔面前，按照發心儀軌來受菩薩戒。

2. 應在具德上師跟前，按照儀軌來得到菩薩戒。

3. 用觀想的方式，觀想十方諸佛菩薩，在十方諸佛菩薩跟前，念誦發心儀軌來得到菩薩戒。

以上這些都是可以的。

菩薩的學處

得到菩薩戒之後，要按照菩薩的學處來進行。這樣子按照學處來做而得到戒律，又按照學處來做觀修，慢慢的實修，不假造作的菩提心一定可以產生。在菩薩學處的部分，有根本墮以及很多不同的項目，這些根本墮都不可以違背。按照龍欽巴尊者的主張，菩薩的學處有：

1. 願菩提心的學處，是以四無量心來修心。

2. 行菩提心的學處，是以六度波羅蜜來修心。

所以應該按照四無量心和六度波羅蜜學處來學習戒律、守持戒律，然後按照學處來觀修菩提心，努力做實修。

眞實的發心

龍欽巴尊者說：「發菩提心不是以發心爲主，而應以在內

心產生爲主。」意思是指，因爲有發菩提心的儀軌，按照發菩提心的儀軌來受菩薩戒，然後發願：「爲了利益眾生，我要成就佛果。」但是如果內心只是偶爾想到：「爲了利益眾生，我要成就佛果。」這樣不能算是眞正的菩提心。

按照發心儀軌來念，按照祈願文念：「爲了利益眾生，我要成就佛果。」看似好像是發起菩提心一樣，但這並不是眞正的菩提心。眞正的菩提心，是要在內心產生，要按照前面所講的方式去實修、觀想，然後在內心眞正的產生菩提心。所以不是念誦發心儀軌或發願，就是「發心」。

佛法的精髓是什麼？

將佛陀所開示的八萬四千法門之精華、精髓、重要性集攝在一起，就是菩提心。《入行論》中比喻：「猶如把大海一樣多的牛奶，提煉出精華的酥油；把八萬四千法門的正法，廣大無邊的提煉之後，提煉出菩提心。」《入行論》又談到：「佛陀經過無量無邊多劫的思惟觀察分析之後，知道對眾生有最大的利益，能夠使眾生得到佛果，最主要的原因就是菩提心。所以佛陀開示了菩提心。」

佛尊阿底峽跟弟子談到上師的名號時，都合掌置於胸前，口中稱呼皈依某某上師；但若提到金洲法師的名號，他就合掌放在頭頂上，淚水直下。弟子發現有這樣的差別，就問佛尊阿底峽：「爲什麼談到許多上師的時候，您的手放在胸前，念誦皈依文；唯有談到金洲法師的時候，您卻是合掌置於頭頂上且淚水直下呢？」阿底峽尊者回答：「一切的上師都是佛菩薩親自示現世間，其功德證悟高低都無差別，跟一切諸佛完全無二無別。但是靠著金洲法師的恩惠，我的內心才能夠產生菩提心，所以他的恩惠最爲偉大。一切萬法的精髓是菩提心，菩提心最爲重要。因爲金洲法師的緣故，我的內心得以產生菩提心，所以金洲法師當然是爲最重要了。」

菩提心對各宗派的重要性

　　所以我們要實修顯教或者密宗聖門的任何教法，或是做任何聞、思、修，最主要的基礎，一定要在動機方面有菩提心。要在菩提心的攝持之下，來做任何的實修。

　　譬如淨土宗，修淨土希望投生在西方極樂世界。而投生西方極樂世界要有四個因，「因」齊備才能投生。這四個「因」

之中，有一個「因」就是菩提心。所以即使是淨土宗，想要投生在西方極樂世界，也應當要實修菩提心。

　　禪宗經常要打坐參禪。在中國社會，佛教中的禪宗非常流行，但是禪宗爲什麼要打坐參禪呢？目標當然是利益眾生，成就佛果。如果要成就佛果，就要注意：「有此則成佛，無此不成佛。」成佛的純正原因、種子是什麼呢？就是菩提心。所以還是要學習菩提心。禪宗的弟子也不能捨棄菩提心而去打坐參禪。除此之外，任何的聞、思、修，只要這個實修是爲了利益眾生，要成就佛果，就一定要包括菩提心的實修。所以應當要好好的觀修菩提心，以菩提心來攝持自己任何的實修。

（三）產生菩提心的標準

　　產生菩提心的標準如何衡量？譬如母親看到獨生子身陷火坑裡時，把他救出來的想法一定非常的強烈。一樣的道理，面對遍滿虛空的眾生，這些如母般的有情眾生，他們受到輪迴和三惡道痛苦的壓迫，因而我們有強烈的不忍之心，希望他們趕快脫離這些痛苦。「我要使他們脫離這些痛苦，安置他們得到佛果，這樣該多麼的好。我要利益他們，爲了利益他們，我要

成就佛果。」這種想法不假造作，不必做任何的思惟，在內心之中自然流露出來，就稱之為菩提心。

三、空性正見

調整好自己的動機和行為，之後來聽聞學習教法，這些都是不能夠欠缺的。如俗話所說：「不能夠像餓狗見到美食。」一隻飢腸轆轆的狗，看到美食的時候，一定是沒有任何思惟，不假思索地立刻撲過去。但我們千萬不要有這種想法。當我們聽聞教法或講說教法時，首先一定要先反省自己的動機，先把動機好好的做一番調整，之後才能學習教法。

出離心和菩提心的部分，前面已經講解完畢。接下來進行到第三項——觀修正確的見地，分成五項來討論：

第一是觀修空性見地的必要性何在？為什麼要觀修見地呢？第二是抉擇，也就是對於見地進行抉擇。第三是對於見地的分析還沒有圓滿、還不徹底究竟，徵兆是什麼？第四是對於正確見地的分析、抉擇已經徹底圓滿了，標準又是如何？第五要特別說明，在抉擇見地這方面，中觀應成派不共的特色是什麼呢？

（一）觀修空性見地的必要性

首先是第一項，爲什麼要觀修正確的見地？以下講解下面這個頌文：

> 不具證悟實相慧，縱修出離菩提心，
>
> 亦不能斷三有根，故當勤證緣起法。

這是指對於甚深的空性實相要如理如實的了悟。如果欠缺這個部分，覺者空性的勝慧也就不存在。長久觀修其它的實修，修了出離心、菩提心，無論如何還是要了解三有的輪迴根本是我執。前面所觀修的出離心、菩提心，並不能夠斷除三有輪迴的根本──我執。那麼該如何把輪迴的根本「我執」徹底斷除呢？必須具有空性慧、無我慧。因此，對於緣起、甚深空性的了悟，一定要努力地去做實修。這是指出必須要觀修見地的原因。

三主要道各自必要

觀修出離心，是能夠成爲解脫輪迴的法；菩提心所攝持的

觀修，是成就佛果的原因。這兩個項目，一個是得到解脫的方法，一個是成就佛果的方法。可是我們之所以在輪迴裡的主因，是無明我執。無明我執是對於無我的意義、無我的實相，顯得愚昧無知，所以稱之為無明。對於這種我執無明，出離心和菩提心都不可能將之消滅。如果想要滅除無明我執，必須運用相反的方式，就是跟我執完全相反的方法。「我執」的相反就是「無我」。「我執」是對於「無我」的實相愚昧無知，而要把這種愚昧無知滅除，當然就要了解「無我」，所以必須要有無我的勝慧，才能把我執的愚昧無知消滅。

如何滅除無明？

　　法稱菩薩是那爛陀佛學院的大博士，也是南瞻部洲二聖六莊嚴的其中之一。而使量論在世間廣大流傳開的，就是陳那與法稱。其中法稱將佛陀開示量論的理論，詳細做了闡述說明，同時遵循陳那的主張，寫了《釋量論》這本註解。在《釋量論》裡面提到：「慈心等等，跟愚昧並不相違，所以沒有辦法滅除愚昧無知。要消滅愚昧無知，應當跟它完全針鋒相對，需要相反的力量。」這句話的意思是指，慈心和悲心等等，跟無

知的愚昧並不是針鋒相對、水火不容的。因為不是水火不容的
特性，所以不可能把無明消滅掉。

什麼是「正相違」？

　　舉例而言：這房子裡面一片黑暗，要把黑暗消滅掉要靠什
麼呢？當然要靠燈光，譬如電燈、蠟燭、油燈等。總之，要一
個發光的物體。除此之外，靠其他的物品並不能消除黑暗。為
什麼呢？因為其他物品跟黑暗並不是針鋒相對。在這個房子裡
放了很多的刀劍、武器、棍子、石頭，然而不管你放了多少，
這些物品都不能用來消除黑暗。因為對治黑暗的方式，必須是
跟它不相容的，是要針鋒相對，佛法稱之為「正相違」，亦即
正式的相違背。所以跟黑暗正式相違背的部分，當然就是光
亮。所以只要有光亮，就沒有黑暗。沒有光亮，就不可能滅除
黑暗，為什麼呢？因為光亮與黑暗是完全正相違的。

　　同樣的道理，慈心、悲心等等，跟無明愚昧並不是正相
違，因此無論怎麼觀修也不會滅除無明。要把無明淨除，應當
要找到無明的正相違。所以愚昧無知，愚昧的我執，如何才能
消滅呢？要靠正相違。愚昧無知的正相違是什麼？「我執」的

相反當然就是「無我」，「無我」就是「甚深的空性」。「無我」和「我執」是完全正相違，如果一個人的內心產生「我執」，可以肯定他的內心不會有「無我慧」，因為這兩者完全相反。一個人如果內心有無我勝慧產生，就代表他的內心沒有我執，或者我執會逐漸減少，因為這兩者完全正相反。這就是因為「我執」和「無我」是正相違的緣故。當「無我勝慧」產生，「我執」也就逐漸減少，甚至消滅了。

二轉法輪的核心思想

月稱菩薩在《入中論》裡也討論到這個問題，最後佛陀開示甚深空性，這也是二轉法輪的宗旨。第二階段轉法輪的佛陀，二轉法輪講出的教法，內容詮釋的宗旨，其核心思想就是甚深空性。二轉法輪的代表佛經是《般若經》，《般若經》分廣、中、略三種版本，講的都是「甚深的空性」。「甚深的空性」內容深奧無比，而將佛陀廣大無邊的教言清楚地做一個註解，把甚深的空性予以歸納的人，就是大乘的奠基者——龍樹菩薩。

一般來講，大乘的奠基者有兩位，其中一位就是龍樹菩

薩。佛陀曾經親自預言過：「未來把甚深聖教廣大流傳，是在
南方的北大森林有一位比丘，名字有『龍』這個字，將來會把
甚深的空性聖教，在世間廣大流傳開來。」而龍樹菩薩就住在
南方的北大森林，名字有個「龍」字，他能夠把外道的思想滅
除，讓佛陀甚深空性的聖教廣大流傳於世。這是佛陀親自預言
的吉祥怙主──龍樹菩薩。

　　龍樹菩薩特別針對佛陀二轉法輪的核心思想「甚深空
性」，寫了註解。註解就是理聚論，理聚的書是以邏輯推理的
方式來證明。龍樹菩薩有很多理聚的書，主要是理聚六論，其
中最主要的就是《中論》（又稱《中觀根本慧論》）。理聚論
的書就是記載二轉法輪的教法，《中論》就是要抉擇甚深的空
性，把甚深的空性做了詳細的解釋。

　　後來月稱菩薩把龍樹菩薩的思想，又做了一個明白的註
解，針對《中論》的詞句意義，寫了《顯句論》這部詳細的註
解。對於《中論》所討論的意義，月稱菩薩又作了解釋，就是
《入中論》。所以月稱菩薩的《顯句論》是解釋《中論》裡面
每個詞句的意思，然後核心思想的意義則由《入中論》來做講
解。

俱生壞見

《入中論》偈頌提到：「煩惱等五蘊的過失，是由於五蘊的壞、聚見地而來；把無明的五蘊壞、聚的見地滅除掉，要靠空性的無我。」《入中論》講到煩惱五蘊等的過失，因為有煩惱，就會造作不善業；因不善業之故，將來就會感得痛苦。所以由煩惱產生五蘊各種的痛苦，這一切的過失是從哪裡產生的呢？根本之處在什麼地方呢？根本之處是我執無明。

我執無明是什麼意思呢？五蘊剎那會毀壞，而這個五蘊會毀壞的聚合體，聚集在一起之後就會認為：「這個五蘊的聚合體上面有一個『我』存在。」這稱之為俱生壞見。壞是指五蘊剎那壞滅。在壞滅的事物之上，認為有一個固定不變的「我」存在，稱之為壞見。對於俱生五蘊會毀壞的聚集體，心裡想：「喔，這就是我，是我啊！」這種想法稱之為俱生壞見，這就是無明我執了。

聚生壞見的正相違

無明我執或者自己的執著，是煩惱五蘊諸過失的根本。如

果想把這個俱生壞見消除，要怎麼做呢？就是要知道煩惱等各種過失，其根本是無明；要滅除無明，就要有跟它完全相反的力量。因為俱生壞見就是我執，執著五蘊聚合體上面有一個「我」的這種想法，所以要跟它有一個相反的想法。相反的部分，就是前面所談到的甚深空性，「我」並不存在，這種「無我慧」剛好跟「我執」完全相反，是正相違。靠著不斷觀修正相違的力量，才能夠把俱生壞見的「我執」淨除。

煩惱業力的根本

愚昧對治空性。如同前面講到的，這個五蘊會毀壞的聚合體上面執著有一個「我」，這種愚昧無知的對治就是空性。所以，「我執」是輪迴的根本，是業力煩惱的根本。由「我執」會產生業力煩惱，有業力煩惱就會造作業力。所以，有「我執」生自他，自他成為貪瞋。有「我執」的意思就是認為有「我」，因此就會分成自己跟其他者，分成兩邊之後，就會產生貪戀與瞋恨，有了貪戀、瞋恨，就會造作不善業。所以，貪戀、瞋恨、愚癡、忌妒、傲慢等煩惱，實際上都是由我執而產生的。因為有我執之故，心裡就會想到：「喔，這個是我。」

在五蘊會毀壞的聚合體上想到：「這個有我，這個是我。」因為有「我」之故，另一邊便是「他」，就形成了「自」、「他」的執著；因為形成「自」、「他」的執著之故，煩惱逐漸地加強，產生各種痛苦。現在我們要把這一切煩惱滅除，就要滅除造成煩惱的主因，就是「我執」。

貪、瞋、癡、慢、妒的由來

五蘊的聚合體上面有一個「我」存在，所以心裡面想到：「這是我啊！」一旦有了「我執」，便會說：「我是最好的，我是最重要的，我是最主要的。」因此這個東西我非得到不可，那個東西我也要得到。因為有「我執」之故，就產生了貪戀之心。如果別人害我、打我、罵我、陷害我，我心裡因為有「我執」之故，就會感覺受到傷害而憤怒不已。

其次，執著於因為有我之故，當別人的功德比我更高時，我的內心就會非常痛苦，想要把他消滅掉，這是忌妒之心。因為有我之故，就會覺得：「我的功德、能力都比他更高超，我比較殊勝、高等。」這種想法是傲慢之心。可見這些都是由「我執」而來的。

愚癡也是啊！因為執著於有我之故，對於善、惡取捨不能夠明白了解，這便是愚癡。為了要利益自己，覺得「我最重要，我要這個，我要那個」，以致善、惡取捨分辨不清楚，這就是愚昧無知。所以就如前面所提到的，貪戀、瞋恨、愚癡、傲慢、忌妒之心，這一切煩惱的根本，都是由「我執」而來。

不善業的產生

　　煩惱的根本是「我執」，而且因為煩惱，就會造作各種的不善業。所以這些不善業的根本，仍然是「我執」，一切都是自己的執著。因為有「我執」之故，所以想著：「是我……，我是……，我要得到這個、我要得到那個。」就會慢慢造作十不善業。

　　身體方面的不善業有 (1) 殺生，(2) 偷盜，(3) 邪淫。

　　語言方面會為了利益自己而欺騙別人，形成了妄語，還有心思渙散，覺得聊天、搬弄口舌是非很快樂，所以會有 (4) 妄語，(5) 綺語，(6) 惡口，(7) 兩舌等不善業都會產生。

　　意的不善業有：(8) 貪心：因為有我執，為了我要快樂、我要得到利益之故，想要得到別人的東西，貪心也就因此產

生。(9) 瞋心：因為有我執之故，遇到仇敵傷害我，我就想以牙還牙把仇敵滅掉，這種瞋恨之心也會產生。(10) 邪見：不相信業力因果。跟他解釋業力因果的道理，費盡唇舌講完之後他仍說：「我不相信。」這就是因為有我執之故，所以完全不相信業力因果。

由此可以看得出來，十種不善業之所以會形成，都是依靠我執。有我執之故，產生這些不善業；而且不僅是十種不善業，許多的不善業也都是因為我執而產生的。

我們看路邊的大樹，並不會去造作殺生、偷盜的罪業，為什麼呢？因為樹木沒有這些煩惱，沒有我執，因此就不會去造作殺生等不善業。所以由煩惱造作了許多的業，由這些業而感得各種痛苦。為什麼會有煩惱呢？因為「我執」。為什麼會造作許多不善業呢？因為「我執」。為什麼會受到這些痛苦的果報呢？因為「我執」。所以一切的根本就是「我執」，或是自己的執著。

難以消滅的「我執」

一切的痛苦，全都是由我執而來。那麼怎樣才能滅除我執

呢？唯有依靠「無我」。除了無我勝慧之外，我行的各種布施都不能夠滅除我執，持守的戒律不能夠滅除我執，精進努力不能夠滅除我執，觀修禪定靜慮不能夠滅除我執；一切各種的有漏善業，都無法淨除我執。

有時候不僅這些善業不能夠滅除我執，在很多情況下，善業反而會增長我執。譬如自己做了布施，心裡就會想說：「哎呀，我做了大布施，多麼了不起啊！」自己若好好持守戒律，之後就會想：「唉呀，我持守清淨的戒律，多麼了不起啊！」所以首先是有一個我執，在有我執而產生慢心之後，再加上布施或持戒，在布施、持戒之上，其實已經有我執存在了，因此布施、持戒反而會去刺激增長我執，讓我執愈來愈強烈。

六度──六波羅蜜

1. 布施波羅蜜：以布施而言，假設沒有甚深空性攝持，這個布施就不能稱之為布施波羅蜜，只能稱為世間的布施，而不是出世間的布施。因此不是布施波羅蜜，只是布施而已。所以是能施、所施、布施物，三輪體空，才算是布施波羅蜜。不僅是布施如此，其它五度都是這樣。布施如果欠缺甚深空性攝

持，就只能算是世間的布施，不能稱之爲出世間的布施波羅蜜。

2. 持戒波羅蜜：如果沒有甚深空性攝持，只能算是持戒，不能稱之爲持戒波羅蜜，也不是出世間的持戒。

3. 安忍波羅蜜：安忍也是如此，如果安忍沒有甚深空性攝持，這是安忍，但不能稱爲安忍波羅蜜，是世間的安忍，但不是出世間的安忍。

4. 精進波羅蜜：精進若沒有甚深空性攝持，這個是世間的精進，不能稱爲出世間的精進，也不能稱之爲精進波羅蜜。

5. 靜慮波羅蜜：靜慮也是如此，靜慮禪定的實修若欠缺甚深空性攝持，欠缺波羅蜜的話，這當然是靜慮，但是屬於世間的靜慮，不能稱爲出世間的靜慮，不是靜慮波羅蜜。所以爲什麼稱之爲「度」？度就是波羅蜜，是到彼岸的意思。

6. 勝慧波羅蜜：前五個項目能不能加上「波羅蜜」這個字，要靠有沒有勝慧，看有沒有甚深的空性勝慧來做決定。要把我執斷除，唯有靠無我勝慧的觀修。

方便分支與勝慧分支

因此《維摩詰經》云：「無方便慧縛，有方便慧解。無慧

方便縛，有慧方便解。」方便離勝慧爲束縛，方便以勝慧爲解脫，勝慧離方便爲束縛，勝慧加方便爲解脫。方便分支即慈心、悲心等的實修；勝慧分支就是勝慧波羅蜜。如果沒有甚深空性的勝慧，但是修慈心、悲心，這是輪迴的束縛，不會得到解脫；但是如果只有甚深空性，又不修慈悲，也是束縛，因爲不會成就佛果，會證悟聲聞、獨覺的涅槃止息的果位。因爲沒有慈心、悲心等等方便的分支，所以離開勝慧分支、方便分支，也是輪迴的束縛。因此布施、持戒、安忍等五度，一定要靠勝慧去攝持，不能缺少第六個波羅蜜。

　　無論如何應該要方、慧雙運，方便與勝慧兩個分支一定要雙運結合在一起，不能偏向哪一個分支，且任何一個分支都不能捨棄。如果方、慧雙運，布施、持戒等五度會幫助勝慧，勝慧也會幫助布施等五度。在方便與勝慧兩個分支雙運結合的情況下，就能夠消滅我執，也能夠成就佛果。

福、慧二資糧成就的二身

　　我們所要追求的究竟果位，是圓滿的佛果。圓滿的佛果是什麼樣子呢？圓滿的佛果具有法身與色身。但是爲什麼圓滿的

佛果具有法身與色身呢？因為在成佛之前，累積了廣大的福德資糧，福德資糧圓滿之後，便成就了色身。成佛之前又累積廣大的勝慧資糧，勝慧資糧圓滿之後，即成就了法身。所以佛才會有二身，就是色身與法身，這是因為前面累積了兩種資糧的緣故，因此這兩種資糧非常重要，缺一不可。

龍樹菩薩寫了一個迴向發願文：「以此善行眾士夫」，意思是用我這個善行，希望一切的士夫、一切的生命、一切的眾生，「福、慧二糧皆圓滿」，福德與勝慧二資糧都非常的圓滿。「福、慧二糧之所生，純正二身願獲得」，由福德與勝慧資糧所生出來的純正法身與色身，希望一切眾生都能夠得到。由此可知，福德資糧與勝慧資糧兩個分支皆不能欠缺。

「勤」而已

出離心和菩提心都已經得到之後，接下來無我勝慧也一定要有。假設有了出離心和菩提心，可是沒有產生空性正見，就表示成佛的道路不完整。因為不是完整的成佛道路，以致無法得到佛果，所以一定要努力生起無我勝慧。這裡提到：「故當勤證緣起法」，在證悟甚深空性、緣起空性方面，一定要非常

的努力。「勤」是指勤勞，也就是勤快的去通達修證緣起的甚深空性，勤奮不懈的做實修。

（二）對於見地進行抉擇

第二項就是要抉擇甚深空性的見地。抉擇、了悟的方式是什麼？下面這一個頌文：

> 誰見輪涅一切法，永無欺惑之因果，
>
> 滅除一切所緣境，此人踏上佛喜道。

這裡要討論的是抉擇甚深空性的方式。「誰見輪涅一切法，永無欺惑之因果」，這裡講「輪涅一切法」，就是要說明空基有法。進行空性的抉擇與了解，要有一個基礎、一個抉擇的地方，這個基礎就是輪涅的一切萬法。基是所依的意思。空性的基礎就是有法。空性這個法所依的就是有法。輪涅一切萬法為空性之所依，這即是空基有法。

這裡提到一切萬法，一切法分成兩種類型：輪迴的法與涅槃的法，不可能離開這個範圍之外。所以輪迴與涅槃包括一切

萬法，叫作輪涅一切法。

要用輪涅一切法來成立萬法都是空性，所以要抉擇空性，要建立、了悟空性的時候，要有一個基礎，這個基礎就是透過萬法來進行。輪涅的法稱為空基有法。「永無欺惑之因果」，意思是不管什麼時候，所顯現的因果關係都不會虛假。

這裡要講的是輪迴與涅槃的萬法，其性質是緣起，這是緣起的因，是抉擇的正因。要抉擇空性時，抉擇的基礎是什麼？一切萬法。所以是空基有法。

接下來要用邏輯推理去進行，正確的原因是什麼？正確的原因就是緣起的道理。「滅除一切所緣境」，這是「所立」──所要成立的部分。因為現在我們要去抉擇萬法都是空性，要對甚深空性作抉擇，所以，首先要站在什麼基礎上呢？站立的基礎就是第一個偈子，亦即空基有法、空性的基礎。空性的基礎就是一切萬法，就是空基有法。有一切萬法才能抉擇空性。

那麼我要如何對空基有法、一切萬法進行抉擇呢？所用的方式就是「永無欺惑之因果」。了解這是緣起的道理，把緣起的道理當作邏輯推理的正因，用這個原因去作邏輯推理之後，

會得到什麼效果呢？效果就是「滅除一切所緣境」。凡是內心所
緣取的對境，全部都寂靜滅除了，這就是我們所要成立的部分。

四邊執著與八種戲論

因為法性、空性本身無法緣取，心也無法指向，更無法執
取四邊，不能夠執取任何的戲論，所以邊執也消失了。邊執是
四邊的執著，四邊的執著是指為有、為無、二有、二無，也就
是：有、無、亦有亦無、非有非無。

這種四邊的執著緣取，緣取所進行的執著、四邊的執著也
沒有了。或者是八種戲論的緣起，即中觀談到的：生、滅、
常、斷、去、來、一、異，這是八種戲論。

這八個戲論的緣取指向，所緣境也都寂滅了，所以空性本
身既不是四邊，也不落入四邊，同時不落入任何的戲論，因
此不能夠去緣取、執取。一切萬法是哪一邊？是來、是去、
是生、是滅、是一、是異？不能夠這樣子去執取。所以緣取指
向，所緣境這個部分，已經完全寂靜滅除了，這是我們要成立
的部分。

輪涅的一切萬法當中是空基有法，然後用緣起的道理來進

行抉擇，這對萬法是四邊的執著、是戲論的這部分已經完全沒有了，已經去除了，這樣便是得到純正的境地。「此人踏上佛喜道」，已經得到了純正的境地，便進入了佛陀所喜悅的道路。

推理

此偈頌是按照邏輯推理的方式來進行，首先講的是主詞，之後講的是所要成立的宗旨，最後講原因；原因要舉例出來。所以第一項叫作「有法」，有法就是主詞。第二項叫作「所立」，所立就是我的宗旨、主張，就是我所要成立的部分，簡單講就稱之為宗旨，立宗旨就是我所成立的主張。後面的項目應當是能立，能成立者，能成立者就是邏輯推理，亦即舉出什麼原因來成立這個主張。所以是有法、所立和能立來進行。這裡所謂的有法，指的就是輪涅一切萬法，這是有法的部分，是空基有法。空性的基礎有法，但你要成立的是什麼呢？所要成立的就是「滅除一切所緣境」，把對一切萬法執著它是四邊、或者執著它是八種戲論的這種執著，完全寂靜、完全滅除，不落入四邊，也不落入八種戲論，全部都沒有，這個是我要成立的部分。

　　所以「滅除一切所緣境」，這是我要成立的部分，這是宗旨。但是我要用什麼去成立呢？我舉出的道理何在？第二個句子「永無欺惑之因果」，這是指緣起正理，用緣起的道理來證明我的主張。所謂「緣起」是指依他而起或依他而生，因此絕無從自己這邊自然而有之理。所以這裡提到「誰見輪涅一切法」，這個用邏輯推理的方式，以量論的推理方式來進行，是這樣講的：輪涅一切的萬法，這是有法，是主詞。輪涅一切的萬法為主詞，萬法是遠離四邊、遠離一切戲論的甚深空性，這是我們要主張的，這是宗——立宗，即我們要主張的部分。這是所立，所要成立的部分。因為因果無欺，因果永遠都不會有虛假的緣起，這是舉出的道理。名言所安立的萬法並非不存在，而是萬法顯現出來時，顯現成為不欺誑的因果緣起，因此之故，輪涅一切萬法都是甚深空性，遠離了四邊與八種戲論。這就是邏輯推理的方式。

　　這裡用的是緣起正理。正理就是能夠成立的道理、邏輯推理，它的因是什麼？叫作「正理」，就是能立。能立是正理，所立是宗旨，所以這裡用緣起正理作為能立，然後成立萬法是空性。

教理

　　在中觀裡要成立萬法是空性，其實用很多種的邏輯推理；不過這麼多的邏輯推理之中，緣起正理是最主要的。一般來講，佛陀開示了空性，之後也講解了抉擇的方式是什麼。抉擇空性、了悟空性的方法是什麼？最主要的有兩種，就是「教言」與「推理」的方式，也就是「教證」與「理證」，通常稱之為「教理」。「教」是指教言，就是佛陀、聖者所講過的話；「理」是指邏輯推理，例如用四邊思惟邏輯推理。

教言

　　要抉擇萬法是空性，也是透過這兩個途徑。例如用教言的方式來成立萬法是空性，因為這是佛經裡面講的，佛陀曾親自開示：「萬法空且無我。」一切萬法都是空，而且無我。這是佛陀親自所講的，所以我們可以相信「萬法是空性」，從這裡去了悟萬法是空性。

　　類似像這種佛陀的教言還有很多，很多教言都開示了萬法是空性。不過如果要透過教言當作根據，之後去證明萬法都是

空性成立，透過這個方式去了悟空性，其實有點困難，因為這完全依賴對於佛陀教法的相信。靠著對於佛陀教言的相信程度，因此了悟萬法空性，這除了對少數利根器的弟子可行之外，對大部分根器者是不太容易做到的。

佛陀三轉法輪

佛陀三轉法輪：1. 初轉法輪是四聖諦法輪，2. 二轉法輪是無性相法輪，3. 三轉法輪是善分別法輪。

1. 初轉法輪

佛陀在三種法輪裡都有開示空性，只是開示空性的大、小程度有差別，為什麼呢？因為佛陀在初轉法輪時，針對的對象是聲聞種姓的弟子，因此只開示「人無我」的實修。佛陀在初轉法輪的時候，類似萬法都是空性、或者是究竟的空性，這個部分都沒有明白講解。因為空性的廣大，當然是一切萬法，而不是只有一部分；是一切萬法都是空性，而且應該要了悟一切萬法都是空性，詳細並且微細的做邏輯推理，這些情況佛陀在初轉法輪時並沒有講得很明白，只講了部分的空性。

2. 二轉法輪

　　到了二轉法輪，就是無性相法輪，佛陀所開示的教法，主要的核心思想就是要討論空性——甚深空性的部分，這時才講得非常廣大。因此佛陀二轉法輪時，例如《般若經》抉擇空性，就不像初轉法輪一樣，首先抉擇輪迴與涅槃的一切萬法都是空性。這就非常廣大了。不是只講一部分的法是空性，而是輪迴與涅槃的一切萬法都是空性。所以首先講得非常廣大，其次講得非常深入。

　　非常深入的意思是指《般若經》裡面談到的，不是只討論「有」的法或存在的法是空性；不僅「有」是空性，「無」也是空性；二有也是空性，二無也是空性。而且講了有、無等四邊，還討論了八種戲論，並且討論了三十二種增益減損。這是《般若經》裡面的大綱及架構：四邊的執著，八種戲論，以及三十二種增益減損的部分，一項一項詳細地去討論，所以講得非常廣大。因為涉及輪涅一切萬法，講得也很深入。涉及萬法的四邊、八戲論、三十二種增益減損，針對每一項情況詳細地去討論空性，所以講得很廣大而深入，這就是《般若經》開示空性的方式。佛陀二轉法輪的時候，主要核心思想就是空性。

3. 三轉法輪

　　三轉法輪是善分別法輪，不僅討論萬法空性，更進一步講如來藏的部分。所以佛陀三轉法輪的時候，就一切萬法的實相而言，主要是討論顯分，而不是討論空分。當然空分的部分也有討論，但是應當了解，三轉法輪的宗旨，其核心思想要講的是了義十經（如《大般若經》等），一共有十部。了義十經裡面當然也談空性，不過那不是主要的部分。了義十經的核心思想，主要是講顯分和明分。顯分和明分就是如來藏。所以佛陀二轉法輪的時候，是講空分的部分，三轉法輪便是講顯分的部分。當然，三轉法輪也講了唯識宗。有四部佛經講唯識宗，叫作唯識四經、了義四經（如《深解密經》、《華嚴經》等）。但是三轉法輪的核心思想、主要精髓是了義十經，了義十經講的是如來藏。因爲一切萬法的實相，是顯空雙運所有的一切萬法，一切萬法的實相是顯空配合在一起的，稱之爲顯空雙運。

　　佛陀在二轉法輪時，對實相裡面空分的部分，做了詳細的講解，這是《般若經》的教法，以廣大、甚深詳細的解釋空性。到了三轉法輪的時候，才把萬法實相，顯空雙運裡面顯分的部分，做了詳細的講解。顯分就是如來藏，這時是用了義十

經詳細地做解釋。三轉法輪當然也講了唯識四經，唯識四經講的就是阿賴耶識的理論。但是佛陀三轉法輪的教法，也有了義與不了義的差別。

三轉法輪的了義與不了義

初轉法輪是屬於不了義的教法，為什麼呢？因為佛陀初轉法輪時即使有討論空性，卻沒有整體的說明空性，除了討論「人無我」之外，並沒有再討論其他的空性。而且初轉法輪的教法是屬於旨趣語——旨趣的語言，就是有弦外之音的語言。佛陀要考慮到特殊的條件，因此特別地做開示，亦即佛陀內心考慮了不同的情況所做的開示。因為不能夠直接開示萬法空性，要考慮到特別的情況而做言外之意的講解。佛陀要考慮什麼情況呢？針對學習的弟子，只能講解「人無我」的教法，此外不能做其他的開示。考慮到弟子個別的需求而開示的教法，就是不了義的教法。

二轉法輪不是只講空性，但是其核心思想是「甚深空性」，所以二轉法輪是直接開示甚深空性，詳細地深入講解，所以是屬於了義的佛經。

　　三轉法輪呢？是了義與不了義參雜在一起的教法。因爲三轉法輪講唯識四經時，是不了義的教法；但是講了義十經時，是如來藏的教法，這是屬於了義的教法。所以三轉法輪的時候，了義與不了義混在一起，兩種都有。這是三轉法輪時了義與不了義的情況，大多數學者也是如此承認。

邏輯推理的《中論》

　　我們可以了解，佛陀在三種類型的法輪裡面，以邏輯推理的方式，對於空性講得很多。不過佛陀開示的教言也很多，若要引經據典的話，其實非常的豐富。把佛陀這些廣大的教言，引經據典作一個詳細的歸納、註解與解釋的，就是吉祥怙主龍樹菩薩所寫的《中論》。一般主要根據佛陀的教言與邏輯推理兩種方式來抉擇空性、契入空性的見地。《中論》引用的主要方式是邏輯推理。在《中論》裡，用邏輯推理去契入萬法空性的時候，龍樹菩薩針對這部分講得非常明白、深入而且廣大。

爲何要以「理」契入？

　　爲什麼「教」與「理」兩者，是以「理」爲主呢？對於空

性的部分，佛陀的教言講了很多，但是我們只能相信，因為
「這是佛陀的教言，因此我相信萬法是空性」。但要從相信萬
法是空性這個方式去證入空性，其實非常困難。所以要用其他
的方式，譬如用邏輯推理抉擇的方式來進行。邏輯推理抉擇的
方式是，只要眾生稍微能夠思惟，好好地想一想：「因為佛陀
曾經開示過萬法都是空性，所以我也相信萬法是空性。但是不
僅僅是如此，我再運用各種各類的邏輯推理方式，不僅內心相
信，就好像眼睛看到色法一樣，能夠真真實實地見到空性。」
這是邏輯推理方式的好處。

「緣起」正理

　　有這麼多的邏輯推理方式，這裡用的是緣起正理。「正
理」是正規的理性、合理的推論，用緣起正理去成立萬法空性
的主張。所以這個句子「誰見輪涅一切法，永無欺惑之因果，
滅除一切所緣境，此人踏上佛喜道」，用邏輯推理的方式來講
即是：輪涅的萬法做為「有法」，「有法」是主詞。這四個句
子讀起來的意思就是：「輪涅的一切萬法是空性，因為緣起之
故。」

立宗──萬法爲空性──→正因「緣起」

如果這樣講：輪涅的萬法是抉擇的基礎。但我們要成立的是：「它是空性」，它的條件、正因，邏輯推理的因，是「緣起」之故。這句話裡面還有一個先決條件，就是要先成立：「萬法都是緣起。」這必定要先成立，就是「因」和「有法」本身一定要有關係。

「輪涅一切萬法是空性」，其中「輪涅一切萬法」作為一個主題，是爲有法，也就是主詞；「是空性」這是我們要成立的所立法，也就是對有法的描述；「輪涅一切萬法空性」，這是我們的主張（所立宗）；原因是緣起之故。「因」這個支分和「有法」的支分，兩者一定要有關係。如果這兩者沒有關係，怎麼可以拿來當作理由呢？所以要說明一下，「因」和「有法」有什麼關係？「因」和「有法」的關係就是：萬法都是緣起。首先輪涅一切萬法是空性，這是因爲緣起之故。把「緣起」當作原因來成立，就要先說明「因」和「有法」要有關係。「因」和「有法」的關係就是：「輪涅的一切萬法是緣起。」這個要先說明，而且要先成立。

何謂「緣起」？

　　所以「有法」和「因」，跟「能立因」，一定要有一個關係存在。輪涅的一切萬法為什麼是緣起呢？這個一定要說明。「緣起」的意思就是因緣和合形成。輪涅的一切萬法一定是靠因和緣，各種條件集合在一起之後就形成了。若沒有這些關係和條件，任何事物和現象都無法生起。

反證──「因」成立

　　若有某一個法是自己單獨存在，不必靠任何其他的條件，不必靠因、緣，不必靠任何其他者，自己就能獨立，自己是單獨存在的。這種法能不能找得到呢？不可能。這種自己就獨立存在的法，根本就沒有。為什麼？因為一切萬法必須靠因、緣和其他的條件，因和緣組合在一起之後，才能形成某一個法。

「因」在「宗」上面成立──萬法都是緣起

　　所以「萬法都是緣起」，這個要成立，要先說明這一點。「萬法」和「緣起」要有關係，才能夠說：「因為緣起之故，

一切萬法是空性。」這個邏輯推理才可以成立。

　　龍樹菩薩曾經說過：「非緣起所成之法，一個也不存在。」輪涅的一切萬法之中，不是靠緣起的法則而形成的，一個也沒有。所以首先要確定：「萬法都是緣起。」只要是法，一定是因緣形成的。

　　所以第一個因，在「有法」上要能夠站得住腳，要有根據。如同前面解釋的：「因」是「緣起」。「緣起」在「有法」上也能夠成立，所以萬法都是緣起，這個要成立。

　　其次，「因」在「宗」上面要能夠成立，就是「因」在空性這個分支上面也要能夠成立。接下來，就是要成立緣起就是空性；因為在「宗」上面，要成立的「宗」是空性，所以空性上面也要成立緣起就是空性，這個條件也要成立。前面的主詞是「輪涅一切萬法」，然後所成立的宗是「空性」，所成立的「因」是「緣起」。「緣起」這個分支，在「有法」上面也要能夠站得住腳，能夠成立；也就是緣起、「因」這個分支在宗上面也要能夠站得住腳，也要能夠成立。

為什麼「緣起就是空性」？

前面說的是「萬法都是緣起」，再來要成立「緣起就是空性」。為什麼「緣起是空性」呢？所謂「緣起」是什麼意思？要先說明一下。

緣起的意思就是靠著很多的因緣、條件組合在一起，而形成某一個法，稱之為「緣起」。所以某一個法，一定是靠著很多因緣的條件集合起來，成為一個聚合體，當這個聚合體在內心出現時，我心裡想著：「我要給它取一個名字。它就是什麼、什麼。」實際上它是一個聚合體。但是在我的內心出現的是一個整體，其實它是很多的條件、是「因」和「緣」各個分支集合在一起之後，我給它取的一個名字，僅僅只是這個樣子而已。除此之外，說它是一個單獨的法，以一個單獨的法而成立，這種情形根本就沒有，所以是空性。

原子筆是空性？

舉例而言，用原子筆來做一個解釋說明。為什麼用筆做例子呢？因為每個人都可以看到自己手中拿的筆，所以很容易

來做講解。以邏輯推理來進行，首先筆就是「有法」，它是主詞，所以主詞叫作「論基」，「論基」就是我們討論的基礎。真正的基礎在什麼地方？那個基礎就稱之爲「有法」。現在用的「有法」是「筆」。以原子筆來做討論，這支「筆」稱之爲有法，是主詞。之後談到的空性，稱之爲「宗」，就是我承認的主張。「筆是空性」，「空性」稱之爲宗，所以「筆是空性」這整個句子，就是我們要成立的一個主張。

那要舉出一個什麼道理嗎？用什麼邏輯推理？因爲緣起之故。這個「因爲緣起之故」的句子，稱之爲能立——能立分支，是能夠成立的分支。整個句子合起來就是：「原子筆是空性，因爲緣起之故。」

這裡說原子筆是「有法」，空性是「宗」，緣起之故是屬於「因」。所以「因」這個分支，在「有法」這個分支上要能夠成立，也就是說，「筆是緣起」這個條件也要成立。

推理方式如下：

> 有法——原子筆
>
> 宗——是空性
>
> 立宗——原子筆是空性

正因——緣起

原子筆是緣起──→成立

緣起就是空性──→成立

原子筆是緣起──→原子筆是空性

原子筆是空性──→萬法皆是空性

原子筆是緣起？

「原子筆是緣起」如何成立呢？我們來分析一下筆是不是緣起。筆是由很多因緣條件集合起來所形成的：要有工人，要有製造筆的機器，還要有材料，譬如墨汁、塑膠、鋼珠等。既然要有工人、有機器、又要有材料，很多的因緣條件集合在一起，因此筆是緣起。當這些因緣條件集合在一起時，它就變成一個集合體，就是一支原子筆的樣子。當這個集合體在我們內心出現的時候，我們自然就會給它取一個名字叫作原子筆。

首先，它是我取的一個名稱叫作原子筆，然後它是一個由很多因緣條件聚在一起的集合體，僅僅如此而已，所以原子筆是「緣起」。其次，「因」在「有法」上已經成立了。這個「因」在「有法」上一定要能夠成立。

　　「因」在「宗」上面也要能夠成立，稱之為「周遍」。「因」也要能夠「周遍」，「周遍」在「宗」上面。這就要說明「凡是緣起就是空性」。「凡是緣起就是空性」如何成立呢？前面已經提到，原子筆本身是緣起，所以「因」在「有法」上已經能夠成立了。

　　現在「因」和「宗」的分支，兩者結合在一起也要成立。怎麼去成立呢？我們分析一下這支原子筆，發現所謂的「原子筆」，首先是我取的一個名稱，它僅僅只是一個名稱而已，而這個名稱所指的對象，實際上是一個集合體。前面講了它要有很多的條件，像工人、機器、材料都能聚合在一起，所以它僅僅只是很多條件的一個集合體，以及我給它取的一個名字而已。因此所謂的「原子筆」，自己能夠獨立存在，有一個自性，這根本就沒有的事，是空的。所謂的「原子筆」，是一個空性，因為是在一個集合體上，由我給它取的一個名稱，僅僅如此而已，並不是真正有一個單獨的原子筆存在。

　　首先製造原子筆的功能，這是它的一個分支，一個因緣集合體，這個分支不會是原子筆。其次，製作原子筆的機器，也是其中的另一個分支，機器本身也不會是原子筆；組合成原子

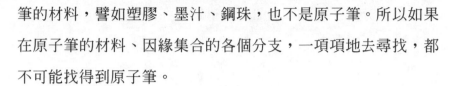

筆的材料，譬如塑膠、墨汁、鋼珠，也不是原子筆。所以如果在原子筆的材料、因緣集合的各個分支，一項項地去尋找，都不可能找得到原子筆。

　　譬如說一個個的集合體聚集在一起之後，我給它取了「原子筆」這個名稱，可見「原子筆」就只是一個名稱而已。為什麼？因為如果我把一個個零件各自拆開，能不能找到原子筆呢？譬如原子筆的頭，頭這個部分算不算是原子筆？把原子筆拆掉，中間的桿子不會是原子筆，對不對？還有原子筆不是有一個尾端嗎？尾端本身也不會是原子筆。或者是原子筆中間的筆心、墨水，能不能算是原子筆呢？筆心不是原子筆，墨汁也不是原子筆。所以我們想一想，「原子筆」到底在什麼地方呢？仔細分析，它沒有存在的基礎。所以一切萬法都是如此，從色法到一切智的一切法都是「緣起」，因此是靠因緣和合所形成。

　　靠因緣和合所形成，一切萬法本身就是空性，因為自性不能夠成立，只是對我們顯現出來而已——在我們的分別心之中顯現出來，在我們迷惑、錯亂心之中顯現出來。而且我們的迷惑、錯亂心，也執著有它存在，但這只是一種執著而已，實際

上仔細去分析，萬法本身並不是單獨存在的。

二諦

　　如果要把這個內容好好做一個了解的話，要先了解二諦的理論。二諦就是勝義諦與世俗諦。《入中論》有一個偈頌，內容是講二諦的理論：「由於諸法見眞妄，故得諸法二種體，說見眞境名眞諦，所見虛妄名俗諦。」對一切的萬法，我們去看的時候，有兩種情況：有人會看成是純正的、眞的，有人會看成是假的。純正的意思就是不會虛假，不會有假的「有法」和「法」。假的意思就是指能見者自己跟所見的部分都是假的。

　　1. 勝義諦：如果是純正、不假的部分，這個所看到的對境和能見的內心，屬於勝義諦。

　　2. 世俗諦：如果看成是假的，所見到的那個對境，還有把它看成是假的那個內心，都是屬於世俗諦。

原子筆的二諦

　　在這支原子筆上，也有二諦的理論。如果是一位聖者來看這支原子筆，他會看成什麼呢？他會看原子筆純正的面貌。純

正的面貌是指聖者看到原子筆的實相——空性。以聖者自己本身有境的智慧去看時，會把原子筆看成是空性。所以在聖者的本然智慧之中，所看到的原子筆，其實是原子筆的實相，也就是原子筆的空性實相。就對境實相空性而言，那就是原子筆的勝義諦。

如果一個凡夫眾生去看這支原子筆，他會認為那是一支真正的原子筆，因此這是一個實有法，是諦實成立的。所以凡夫以世俗的心所看到的面貌，就屬於世俗諦。

形成二諦差別的原因

因為聖者本身沒有迷惑、錯亂。為什麼呢？因為他已斷除了無明。迷惑、錯亂的根本即是無明。聖者把無明斷除之故，所以他的內心沒有迷惑、錯亂。以沒有迷惑、錯亂的心去看事物的時候，會看到萬法的本來面貌，會如理如實地看到萬法的實相。在如理如實地看到萬法的實相之下，聖者看到的原子筆就是空性的部分，是實相空性。這是屬於原子筆的勝義諦，是實相空性。

相反地，由於凡夫都有無明煩惱，他的心是迷惑、錯亂

的，當用迷惑、錯亂的心去看原子筆時，並不會把原子筆看成是空性，不會把它看成諦實不能夠成立，只會看成是諦實成立的，是有自性存在的，是自己單獨存在的。原子筆就是單獨一支原子筆，他會把它看成那個樣子。在迷惑、錯亂的內心之中，原子筆會以自己單獨存在的方式顯現出來，然後這個迷惑、錯亂的心就會執著原子筆是獨立存在、是自性成立的。

何者為眞？

原子筆這一個法，在這個基礎上面，會形成兩種看法：聖者所見與凡夫所見。但哪一種看法是眞呢？到底聖者所見是對的？還是凡夫所見是對的呢？我們需要分析一下，凡夫所看到的原子筆是諦實成立的，是自己的性相成立的，是自己單獨存在的，這個看法是錯誤的、是假的。爲什麼？首先要支持凡夫所見爲眞，譬如說：凡夫所見的原子筆是諦實成立的、是自性成立、是自己單獨存在的，要支持佛陀的語言根本不存在，然而沒有一個佛陀的教言是這樣子來談的，所以首先教言的部分不能夠成立。

其次，如果要成立這個條件：原子筆是諦實成立的。有沒

有邏輯推理可以成立呢？沒有。找不到什麼邏輯推理可以成立「原子筆是諦實存在、是自己自性存在的」。

原子筆本身是空性，支持這個情況的理由有很多。佛陀的教言裡有談到，而且實際上邏輯推理也可以講得通。有正確的邏輯推理可以說明原子筆是空性，但為什麼這些邏輯推理是正確的呢？因為原子筆本身就是空性。

另外，證悟原子筆是空性的人也很多。因為他們斷除了我執，之後逐漸成就佛果，現前證悟空性，這種不可思議的證悟者可說是無量無邊。他們了知原子筆是空性、萬法皆是空性的一個證明力量。

凡夫以眼見為眞

但是凡夫會認為原子筆是諦實成立、實體成立，也有邏輯推理的原因，很多原因也可以來成立，為什麼呢？因為眼睛可以看得到原子筆，我的手可以握著原子筆畫很多的圖畫，是我眼根的對境、觸覺的對境、五根的對境，現前直接地顯現出來，所以原子筆當然是諦實成立。很多人是這樣子執著，認為情況確實是如此。

教言：佛菩薩爲眞

　　雖然很多人都這樣子認定，但能不能因此把很多人的認定當作一個證明、標準呢？不能。爲什麼？因爲經典裡談到：「眼根所見不能爲眞，眼、耳、鼻、舌、身所見不能爲眞。」如果凡夫眼、耳、鼻所見爲眞，爲何還需要聖道呢？這句話的意思是指：凡夫的眼睛所看到的，不能當作證明、標準；耳朵所聽到的，不能當作證明、標準；眼、耳、鼻、舌、身五根所見的對境，都不能夠當作是正確的標準。

　　假設凡夫的眼、耳、鼻、舌、身五根所對應的對境是正確的、可作爲標準的話，豈不表示佛陀所見是假，菩薩所見是假，那就會得到一個結論：菩薩和佛陀的內心是迷惑、錯亂的，而凡夫的心是純正、正確的。這怎麼可能呢？不要說佛菩薩，用這個例子來作說明，就是我們用邏輯推理來分析，也不能夠成立凡夫所見爲眞。

推理：對境改變──→有境改變

　　如果凡夫的眼、耳、鼻、舌、身所見是眞的、是正確的，

眼睛看到的原子筆是諦實成立、是自己單獨存在的，然後內心
也執著原子筆是自己單獨存在的。如果這樣子是正確的——我
們所見是正確，內心的執著也是正確，就表示它應該是單獨的
一支原子筆，不會再改變，因為它是實體成立的。可是我們
眼睛所看到的對象「原子筆」，是不是不會改變呢？我對此的
執著認為：「這是一支原子筆。」這種想法是不是也不會改變
呢？不是啊！假設看到是正確的，內心的認知是正確、對境
也是正確的話，就應該都不會改變。正確就不會再改變，可是
對境本身——原子筆，並不是不會改變。我把它當作是「原子
筆」，這種想法也不是永久的，可能也會改變。

　　首先，這支原子筆可能遇到一些外緣，以致壞掉，對境改
變了。其次，我執著「這是一支原子筆」，但將來當我慢慢有
證悟時，便不會把它當做是一支實體成立的原子筆，所以內心
有境的部分也會改變。就對境本身也會改變，這是一支單獨顯
現出來的原子筆，這種情況其實也會改變；就有境本身，我執
著這是一支單獨存在的原子筆，這種執著也可能隨著我的證悟
而會慢慢改變，可見它不是諦實成立。因為諦實成立應該是不
會改變，同時也不會變成另外其他者。可是事實卻不是如此，

而是「對境」會改變，「有境」也會改變。

　　要使它改變，並不需要用一個強而有力的外緣，只需一點點小小的外緣，對境就改變了。譬如我把原子筆折成兩段，這兩段的任何一段，我們都不會說它是原子筆。我們會說：「沒有原子筆了，那是原子筆的碎片。」我們不會說已斷成兩段的原子筆，是兩支原子筆，對不對？所以對境本身會改變，而且改變不需要靠一個強而有力的外緣，只要靠一點小小的力量，原子筆就變得不是原子筆了。

　　假設原子筆是一個實體成立，是單獨的諦實成立，那麼它永遠都不可能改變。不管你用什麼方式，都不能夠讓原子筆變成另外一個其它者，因為它是一個單獨存在的主體，所以不會改變，也不會成為另外一個其它者。可是現在不是這種情況，我只要用一點點小小的外緣，把原子筆折成兩段，它就不是原子筆了。所以對境本身會改變，有境本身也會改變。

推理：有境改變──→對境改變

　　從有境方面來討論，也是會改變的，而且不需要一個很大的外力，它很容易就會改變。譬如我說：「這是一支原子

筆。」原因何在？因為我的眼睛看到它的顏色、形狀，我的觸覺能夠觸摸到它，所以這個東西是一支原子筆，我的內心也非常堅決地確定這是一支原子筆。但是如果我們稍微碰到一點點的外緣，我們就不會把這支原子筆看成是這樣子。譬如眼睛稍微有一點疾病，像是膽方面的疾病，如果原子筆是白色，我就可能看成黃色，黃色可能看成紅色。所以只要稍微有一點點疾病，我的眼根、眼識所看到的顏色、形狀就會產生改變。假設眼見為真，眼睛所看到的那個形狀、顏色完全是真的，而且它就是原子筆，是諦實成立，那麼它應該是不會改變的。但現在因為疾病的緣故，我的眼識稍微改變，對境的形狀、顏色就全都改變了。

　　我們的眼睛所看到筆的形狀是這樣子，如果我們壓著眼角去看筆的形狀，形狀又改變了；或者如果我們的眼睛有疾病的話，會把筆看成是四方型或是圓形，所以形狀也改變了，可見對境的形狀、顏色並不固定，而是會改變的。因為我們執取對它的認識，去認識這支筆，認識的主體本身──眼識的部分，也是經常會改變的。可見不能說我眼前所見為真，前面看到的形狀、顏色就是正確的，因為我們所見的主體會經常變來變

去。

　　或者有人這樣想：「這裡講的是眼睛有毛病，所以看到的形狀、顏色會改變，但其實那是我們眼睛所看到的部分改變，並不能當作標準。不過我的內心可以認識這支筆，然後我也執取認識這支筆是實體成立的。以我內心的認識總不會有問題吧？內心的認識應該可以當作一個標準吧？」以此當作一個成立的因，去成立「這是一支原子筆」，它是自性成立、是存在的。可是事實上，有時候我們內心的認識也會改變。譬如你把這支原子筆拿到一個醉鬼面前問他：「這是不是一支原子筆？」他可能馬上講這不是原子筆。在他的內心，不會認識這是一支原子筆，因為他醉了，身體的氣脈已經改變了。或者是一個吃了毒品的人，也不會認為這是一支原子筆，因為他內心對原子筆的認識已經改變了。

教言：凡夫為假

　　前面講的是根門都有毛病的時候，那如果根門都沒有毛病，不就可以當作一個正確的標準嗎？但是無論如何，一個凡夫俗子就算根門沒有毛病，根門的認識還是不能當作一個正確

的標準。因為經典裡有談到：「世間之人認為冷、熱等等，這只是針對世間之人講的為真，針對他而言是真的，而不是對境本身就是這個樣子。」

所以對世俗之人所顯現的這一切，只有針對世俗之人為真而已，但對境不是按照那個方式真實存在的；所以萬物的空性，對我們來講並沒有顯現出來。對凡夫而言，所顯現的這一切，其實都是顛倒、錯亂的。所以在一些情況下，原子筆的形狀、顏色會改變，是筆也會看成不是筆，這些都是因為暫時的外緣改變所造成的迷惑、錯亂。

凡夫心為迷惑之所見

如果一個正常的凡夫眾生，根門沒有任何的毛病，他把筆看成是一支筆，這樣仍然是迷惑、錯亂，因為他的內心有無明的煩惱、我執。在無明、我執之下，就是一個迷惑、錯亂的心。或者凡夫俗子酒醉或吃了毒品，會讓他產生暫時的迷惑、錯覺。而沒有這種情況的凡夫俗子，也是有迷惑、無明，因為無明、我執之故，就還有迷惑、有錯覺。因此只要內心是迷惑錯覺的，在這個心裡面所浮現出來的一切，便全都是迷惑錯亂

的。不過對這個眾生而言，他會把這當作是眞的；可是對其他的眾生而言，有可能就不會當作是眞的。對這個眾生而言，他會當作正如所顯現的一樣，對境也是如此。但是卻不是這樣的。譬如說一張白色的紙，有膽病的人會把白色的紙看成黃色的紙，不過就對境而言，黃色的紙不是眞的。可是就這個有膽病的人而言，黃色的紙對他來講是眞的；但對其他人來講，黃色的紙是假的，因爲其他人看到的是白色的紙。所以只有對眼睛有毛病的那個人而言，對境呈現出來的黃色是眞的，其他人不會當作是眞的。

　　一樣的道理，我們現在是處在無明、我執的迷惑錯亂之下，在這個迷惑錯亂之下所看見的一切，又是因爲我們的業力、煩惱所顯現的；而這一切迷惑錯亂的心，又由業力、煩惱而來，所以我們會把這一切當作是自性成立、是自己單獨存在的。但能不能因爲如此就肯定說對境也是這個樣子呢？不行的。因爲這是一個迷惑錯亂的心，所以事物存在的實際面貌——它的實相，不會像迷惑錯亂的心所顯現出來的那個樣子，無論如何都不會。

眞與假的二諦

　　前面講的二諦理論，其中世俗諦中「世俗」的意思就是「假」，假的。所以就這個迷惑錯亂的心而言，會把它當作是眞的，因爲是在迷惑錯亂的心所顯現出來的樣子，所以迷惑錯亂的心會認爲：「它是眞的，它確實是如此成立。」不過這只是就迷惑之人而言，針對迷惑錯亂的心而言，他是如此認定。除此之外，不能說事物的實相就是這個樣子，不能說勝義諦就是這個樣子，不能如此確定。所以，世俗諦說它爲眞，是因爲內心是迷惑、錯亂，針對迷惑、錯亂所顯現出來的樣子，迷惑錯亂的心會認爲那是眞的，但其實那是假的。

　　勝義諦的「勝義」意思就是不虛假、不錯亂。所以勝義諦就是不虛假、不會錯亂的法。就像空性，例如了悟空性的有境和對境而言，對境空性和了悟空性的勝慧，這兩邊都不會虛假。所以勝義諦不是假的，不假的有境、不假的對境、不錯亂的有境、不錯亂的對境。

　　前面所講的世俗諦是虛假的、欺騙的，世俗諦的有境和對境，是假的有境和對境，錯亂的有境和對境。這種情況，只有

在迷惑錯亂的心上面顯現出來時，迷惑錯亂的心會認為那是真的，但不能說這就是事物的實相。

中文講世俗諦，這個世俗是指世間、俗世，所以是一個迷惑錯亂的心所認識的部分。但是在藏文裡，世俗諦稱之為kunrdzob（袞做），kun（袞）就是「全部」的意思，rdzob（做）就是「假」的意思，就是任何情況都是假的。在藏文裡，勝義諦稱之為dondam（旽旦），don（旽）的意思是實際的情況，dam（旦）的意思是正確的、純正的、不虛假的。

所以，執著原子筆是諦實成立，這種內心所顯現出來的原子筆是自己單獨存在的情況，是世俗諦。世俗的有境和對境、錯亂的有境和對境、假的有境和對境。看到原子筆是空性，這樣的有境和對境就是勝義的有境和對境，不是虛假的有境和對境。以這種看法所看到的是實相的部分。

所以，根本沒有任何的邏輯推理可以成立原子筆是實體成立的。譬如告訴一個人：「原子筆是空性。」他否定。他說：「原子筆不是空性。」問他原因何在？為什麼原子筆不是空性？他會講：「因為我的眼睛可以看得到，我的手可以摸得到，原子筆上面有很多的圖案。」除此之外，沒有辦法舉出任

何的原因來說明。我們前面已經分析過了，這些原因不能當作
是正確的原因，沒有教言可以作爲根據，也沒有邏輯推理可以
作爲根據。除了這些邏輯推理之外，要說這是一支原子筆，也
沒有任何的教言作爲一個基礎。譬如問一個人說：「爲什麼這
是一支原子筆？」「因爲老師這樣講，我的爸爸、媽媽也這樣
講。到文具店說要買原子筆，老闆也拿一支筆給你，說這是一
支原子筆。」除此之外，沒有其他的理由。

聖者之所見

　　但是如果說原子筆是空性，教言和推理兩者便都齊備了。
佛陀說過：「萬法都是空性。」原子筆也是空性，這教言是可
以成立的。不僅如此，勝慧的本尊文殊菩薩，還有很多的菩薩
也都說過：「萬法是空性」，這些因也都有根據。還有很多的
邏輯推理，也可以支持原子筆是空性。因此，配合教言和推理
說原子筆是空性時，是不是說佛陀好像是一個很偉大的工匠，
把原子筆製造成爲空性，但是我用邏輯推理去證明又不能夠證
明出來？不是，完全不是這樣。佛陀的教言這樣子講，我們用
邏輯推理去分析，也可以分析出原子筆是空性。所以從教言和

邏輯推理分析，完全能夠支持說明原子筆是空性。

不變的實相

　　萬法的實相是空性，這不是說它本來不是空性，是佛陀用神通把它變成空性；也不是說佛陀大悲加持，把它變成空性；更不是說佛教徒自己把它變成空性。不管佛出現世間、不出現世間，萬法的法性都是這樣，始終是這個樣子。萬法的法性都是空性，始終是如此，因為空性就是它的實相。

一法成立──→萬法成立

　　正如原子筆是空性，因此我也是空性，色、身、香、味、觸五蘊都是空性，色、受、想、行、識五蘊都是空性，十二處、十八界全部都是空性，四聖諦也是空性，一切萬法都是空性。從教言來作證明，龍樹菩薩提到：「凡是緣起的法，不是空性的，沒有一點存在。」以此可以證明「緣起的法都是空性」。因為「緣起法都是空性」之故，所以證明它不是空性是不會成立的。一切萬法都是空性，不可能不是空性。從色法到一切相智、佛智之間的一切萬法，全部都是空性。

了解二諦的重要性

在我們講空性理論和抉擇見地時，一定要先了解二諦的理論。如果不了解二諦的理論，想要了解空性，就會非常困難，也不容易了解，空性要在內心出現也不容易。如果不好好地了解二諦，就沒有辦法好好地了解佛陀的教言。佛陀開示了很多的教言，世俗諦的部分都是緣起，勝義諦的部分都是空性。因為不了解二諦的理論之故，想要明白了解佛陀的教言就會變得很困難。

《中論》裡面提到：「諸佛依二諦，為眾生說法。一以世俗諦，二以勝義諦。若人不能知，分別於二諦，則於深佛法，不知眞實義。」某人若不能明白了解二諦的理論，他也就不會明白了解佛陀所開示的甚深教法。因為他不了解二諦之故，也就無法了解佛陀的甚深教法。

關於二諦的理論，龍樹菩薩在《中論》裡面講解得非常的詳細，所以如果我們對龍樹菩薩所抉擇的甚深空性不了解的話，就不可能滅除無明的煩惱。

佛陀與聖者教言

　　月稱菩薩提到過：「違背了龍樹親口所說的道理，便不可能證得解脫與佛陀的果位，也沒有辦法了解佛陀的果位。」所以對於佛陀所講的甚深空性，透過各種的教言和邏輯推理，作一個明白的闡述、抉擇，這是龍樹菩薩所做的工作。所以對我們而言，將龍樹菩薩所解釋的甚深空性的意義，好好的做一個學習，實在是無比重要。龍樹菩薩所寫的《中論》二十七品，每一品都針對一些法用緣起、法用空性來解釋，詳細地討論空性。他在每一品中用了各種的邏輯推理，詳細地抉擇萬法都是空性。

　　其次，月稱菩薩所寫的《入中論》，是配合《十地經》來做解釋的，其中討論到第六地的時候是勝慧波羅蜜，勝慧波羅蜜就深入詳細地講解《中論》的意義，特別是二諦的理論。《中論》的典籍《入行論》裡，第九品〈勝慧品〉的部分，就詳細講解了四部宗義，四部宗義的「破」和「立」──「所破」和「所立」，都是在講解甚深的空性。在《四百論》的篇幅裡，有好幾篇就詳細解說了空性觀修的方式，以及空性的理

論。這個是直示——直接開示空性之諦。在佛陀的教言裡，直接開示空性的次第。這在龍樹菩薩所寫的《中論》裡，都有詳細做註解。

佛陀所開示的教言裡面，隱藏的部分，是現證士夫內心證悟的次第。慈世彌勒菩薩講了《現觀莊嚴論》，內容是關於證悟的士夫內心的過程。這些論典都詳細做了開示。如果我們把這些論典，好好地聽聞、思惟，對於內心、對於空性意義的思惟，也能夠非常確定，將來也可以證悟，心裡也會產生定解，必然是如此。《入中論》用的是破四邊生的邏輯推理，去抉擇一切萬法皆是空性。所以在教言和論典裡，實際上都明白抉擇開示了空性。用教言做根據，用邏輯推理做根據，都是可以成立的。

（三）分析空性見地還未圓滿的情形

對見地做了一個抉擇，已經抉擇確定的意義要再三作觀修。如何衡量觀修有沒有徹底究竟？衡量的標準是什麼？下面這個偈子：

> 何時分別各執著，無欺緣起之顯現，
>
> 遠離所許之空性，爾時未證佛密意。

　　這是指當我們抉擇空性時，對空性的意義去做觀修。在抉擇空性觀修的時候，會發現一切萬法顯現出來的樣子，都是緣起的樣子，不會虛假，而是真實存在的。另外，好像離開顯現的這些法之外，另外還有一個空性。如果我承認那是空性，那麼空性應當是遠離四邊，離開八種戲論，應該空空洞洞的。所以緣起與空性這兩者，「何時分別各執著」，不管什麼時候，兩邊都是分開的。「無欺緣起之顯現」，在名言上顯現出來的這些部分，是緣起而出現的，不會虛假。「遠離所許之空性」，如果我承認這些萬法是空性的話，好像離開顯現的萬法之外，應當另外還有一個空性；空性應該是離開四邊，離開一切戲論，應該是離開這一切的。所以不是我所看到的這一切萬法，離開這個之外，還有一個空性存在；這就表示對於空性的抉擇還不徹底究竟，對於空性觀修的抉擇也還不徹底究竟。「爾時未證佛密意」，在這種情況下，實際上還沒有徹底究竟

證悟佛陀的了悟。這種情況對空性的抉擇也沒有徹底，對空性的觀修與思惟抉擇也還沒有達到徹底。對於所顯現的萬法是諦實成立，一定還會有一點點的執著。

譬如原子筆，凡夫執著它是自性成立、是自己單獨存在的，但實際上並不是如此。一切萬法所顯現出來的都是緣起，因為緣起之故，是在名言上顯現出來的這個樣子而已。在名言上來講，緣起不會虛假，但是名言上緣起不會虛假的這些法，所以從生、住、滅三解脫門來看，從緣起的角度來看，都是空性。所以從這裡來看，所顯現的一切，其本身也是空性，了悟它是空性，才算是思擇的部分圓滿了。對於佛陀內心甚深的心意，就甚深的空性這個部分才算是了悟。所以龍樹菩薩的教言中提到：「非緣起的法不會存在，非空性的法也不會存在。」

龍樹菩薩的《中論》裡已經抉擇了甚深的空性，把這個部分好好地了解，才能夠了解佛陀的根本心意——萬法都是甚深空性。如果認為：所顯現的一切都顯現出來了，就不是空性，所顯現的這些部分是靠緣起而出現的，就不是空性；如果是空性的話，就不是靠緣起而顯現的。有這種執著的話，就是還沒有了悟佛陀的心意。

《心經》的教導

　　《心經》的內容講的是空性，用空性四合的方式來解釋。這也是此處所談到的。《心經》講空性的時候：「色即是空，空即是色。」首先，「色即是空」，色法本身是空性，爲什麼？因爲色法就是物質體，這些物質的色法是由緣起法則形成的。既然是由緣起法則所形成，形成的色法本身就是空性。

　　其次，爲什麼說「空即是色」呢？當然不是說空是一個物質體、是一個色法。因爲空本身就是這些由緣起條件所形成的色法。所以「色即是空」，緣起所形成的色法本身是空性。所謂的空性，實際上就是眼前所看到的緣起所形成的色法，它也是空性，所以叫做「空即是色」。色是緣起法則形成的色法，所以「空即是色，色即是空」。

　　如果不了解緣起的理論和二諦的理論，對於「色即是空，空即是色」可能會產生很多的誤解。

錯誤的抉擇

　　譬如「色即是空」的意思，有人會誤解成我把這個東西破

壞掉，它沒有了，就是空性，所以叫作「色即是空」。但這是初學者學習的時候，可能會有的錯誤想法。如果再想一下「空即是色」，那這個部分就會想不通，會顯得非常奇怪了。

做心性直指觀修來了解內心本質的時候，誤認爲所有的內心是白色、紅色……。其實內心的實相也是空性，但是對於空性爲什麼會是色法呢？卻沒有辦法了解。這是因爲對緣起的道理、對二諦的道理不了解，當然對於空性的部分就非常難以理解了。

色空雙運結合

「空即是色」表示空性本身和緣起法是雙運結合在一起的，說它是空並不會違背緣起的色法，當它是緣起色法的話也不會違背它本身仍然是空性，兩者一定是雙運結合在一起的，不會互相違背。

背誦學習龍樹菩薩教言

龍樹菩薩所講的教言，我們引用了好幾個，寫出來後翻譯成中文，大家好好地背起來，時常念誦會非常有幫助。

　　龍樹菩薩說：「不是緣起的法不存在，不是空性的法不存在。」意思是緣起和空性雙運結合在一起，講的還是「色即是空，空即是色」。龍樹菩薩說：「未曾有一法，不從因緣生。是故一切法，無不是空者。」從來沒有哪一種法，不是由緣起而形成的。因此，不是空性的法完全不存在，不是緣起的法也根本就沒有。這個就是講「色即是空，空即是色，色不異空，空不異色」。

　　「色即是空，空即是色」，「空即是色」並不是說空性本身是一個色法，是一個物質體，這裡不是要講空性有空性的顏色、空性的形狀，或者空性是一個物質體，不是這個意思。這裡講的是緣起，因為色法是緣起所形成的，所以「色即是空，空即是色」，所要講的重點是空性本身即是緣起。

空性四合

　　「色即是空，空即是色，色不異空，空不異色」，是四個條件合在一起，稱為「空性四合」。如果能夠好好地了悟甚深四合、空性四合的見地，就會了悟空性的見地。如果了悟空性見地，那就是證悟了佛陀究竟的心意。

認為「色即是空」，這些萬法都是空性，但卻想空性不會是色法。空性怎麼會是色法呢？如果有此疑問，就表示把色法和空性完全分開成為兩邊；就表示他對見地的抉擇還不徹底究竟，在觀修上的思擇還不徹底究竟，也尚未了悟佛陀的心意。

萬法的空性四合

　　譬如用原子筆來分析，也是一樣的。配合空性四合就是：原子筆是空性，空性是原子筆，原子筆不異於空性，空性不異於原子筆。對於原子筆空性四合這個理論，如果沒有辦法好好了解，就無法了悟原子筆的空性。一樣的道理，跟我們舉原子筆的道理是一樣：我即是空，空即是我，我不異於空，空不異於我。聲音、五蘊、五根、十二處、十八界都可以用空性四合的方式來配合了解。

　　如果不能夠把空性四合配合來做了解的話，而把空性和所顯的萬法各別分開來了解，認為是輪流出現的，就像頌文裡所談到的，「爾時未證佛密意」，這樣就不算是證悟佛陀的心意。所顯現的一切都是空性，空性就是所顯現的這一切的緣起的法，兩邊完全結合在一起。如果還不能夠達到這個程度的

話，就表示對空性的抉擇還沒有徹底，實修的部分也沒有徹底，還沒有證悟空性。

一法成立──→萬法成立

有一個西藏老人到拉薩去朝聖，朝聖之後走到哲蚌寺，哲蚌寺當時正在辯經，辯經的內容都是以瓶子、柱子做例子。我們現在不是在西藏，所以我們用原子筆來舉例。不過在西藏，大多數寺廟在辯經的時候，論題、論基都是用瓶子、柱子來討論。所以這個老人看到大家辯經時，都談到瓶子怎麼樣、柱子怎麼樣，就好像在吵架一樣，於是就到拉薩的市集買了好幾個瓶子，帶回哲蚌寺，對大家說：「你們這些僧眾不要吵、不要吵，我帶了很多瓶子來，大家不要再吵了！」

現在我們也是這個樣子，在辯論這支原子筆。在一個法上這樣子去了悟，用同樣的邏輯推理轉到其他外在的山河大地、內在的有情眾生，都是同樣的。所以一定要在某個法上面，仔仔細細地做一個抉擇，這樣將來抉擇其他的法，就很容易了。

印度那爛陀佛學院也是用瓶子和柱子做為討論的基礎，所以西藏才會按照這個傳統。實際上這只是表示應該要選擇一個

法，以一個法來詳細地討論，按照討論的邏輯推理方式運用到其他的法，就很容易了解了。

在印度，瓶子對他們的生活非常重要，因為他們提水、煮飯、煮菜都要用到瓶子，可說是日常生活中最常使用到的東西，所以才會當做討論的基礎。而我們這裡不常使用瓶子、陶罐來做這些事情，但是每個人都會用到原子筆，所以用原子筆來解釋的話就比較容易。

（四）正確見地的標準

第四項見地的抉擇已經圓滿，但標準如何衡量？所以第四項是見地思擇已經圓滿，它的「量」（量就是衡量的標準），衡量的標準是什麼呢？就是下面這個頌文：

> 一旦無有輪番時，現見無欺之緣起，
>
> 斷除一切執著相，爾時見解即圓滿。

應當從什麼地方來衡量見地抉擇已經達到圓滿的標準呢？這偈子說明前面講了甚深空性，首先我們做聞、思、修，逐漸

產生空慧，這個了空慧的思擇已經圓滿，量已經達到了。一般來講，在了空慧思擇還沒有圓滿時，外顯的對境，凡是緣起所顯現的這些對境，我主張承認它是空性，但空性和顯相這兩者是分開的、輪流出現的；所以就是當「一旦無有輪番時」，沒有輪流出現的時候。這是什麼意思呢？當看到緣起所顯現的這些萬法時（所顯是色、香、味、觸的萬法，稱之爲所顯），不覺得是空性；但是當我去主張並承認顯相是空性時，那空性好像又離開所顯的萬法；所以有空的時候，沒有所顯的萬法；看到所顯的萬法又沒有空，所以顯相、空性是輪流出現的。

　　當到了某一個時候，這兩個不是輪流出現，看到凡是所顯現的一切，都是緣起的空性，只要了悟到緣起的空性，就會呈現出爲緣起所顯現的萬法，兩者同時發生。所以「無有輪番時」，應當同時發生的時候，「現見無欺之緣起」，僅僅只是緣起不假的所顯萬法，這個時候「斷除一切執著相」，內心對於對境的執著，執取是有、是無、二有、二無，這些執著全部都消滅了，這個時候「爾時見解即圓滿」，到了那個時候，才說那個人空性見地的思擇已經到達圓滿的徵兆。

不緣取對境

「斷除一切執著相」，對於有境、對境的執取有或無等這些完全斷除。《入菩薩行論》第九品〈智慧品〉中，寂天菩薩講了這麼一句話：「若實無實法，悉不住心前，彼時無餘相，無緣最寂滅。」如果到了某個時候，一切的實有法和非實有法，「悉不住心前」，心是有境，在心的前面就是對境。對境所顯現出來的實有法和非實有法，「彼時無餘相」，都不會進行任何的緣取，「悉不住心前」，然後對它沒有任何的緣取，「無緣最寂滅」，到了那個時候對於對境不會進行任何方式的緣取之故，所以內心最為寂靜。這就是這裡講到的「斷除一切執著相」，和《入行論》講的這個偈子意義是一樣的。

這裡講的「一切執著相」是我們去執取對境任何一種形相，是有、是無的某一種形相，這是對境的執持、執著。所以，對於對境的形相都沒有進行任何執取的話，是前面提到的「滅除一切所緣境」。所緣取的對境，緣取它是某一種形相，就是這裡所提到的「一切執著相」，這種執持的方式全部都消除，此時就是內心最寂靜的時候。

甚深空性──滅除能、所二執

如果內心對境執取的時候，執取為實有法或執取為非實有法，或是執取為諦實成立或執取為空，有這種執著，就表示有一個有境的心，以及有一個我執著的對境存在，這就是二執。凡是還有二執存在，內心就是有境。對於對境還要進行執取，還有這種二取存在，就表示能、所二執還沒有滅除，意思是對於「斷除一切執著相」這個空性還沒有證悟。

勝義諦的究竟實相

《入行論》說：「勝義非心境，說心是世俗。」勝義諦不是內心能夠認識的對境。這是指勝義或者是法性，並不是內心能夠認識的對境。這句話講的內心是什麼意思？是愚昧執著的心，有愚昧二執的心，便沒有辦法去認識勝義諦。所以「說心是世俗」，我們提到「心」指的都是世俗，為什麼？這裡談到的「心」是愚昧二執的心，有愚昧、無知，有二執──能、所二執的心，這種心是世俗的，它只能認識世俗諦。不管什麼時候，因這種心有二顯存在，所以不能認識究竟實相的勝義諦。

我們經常提到的法性是離言詮思，超越了我們的內心，不能用言語去解釋，是超越內心的一個情況。所以心思言詮是屬於世俗諦，內心能夠進行思惟，能夠用言語做一個解釋說明。內心可以思惟，心裡想這是空性，語言上可以說出來這是空性；心裡可以思惟這不是空性，語言上可以說這不是空性；凡是這種可以用內心思惟、可以用語言詮釋說明的，就表示有「對境」和「有境」的存在。只要是有對境和有境存在，都屬於世俗諦。所以不能用言語解釋說明、不能思惟的，便是屬於勝義諦。

究竟實相──不生不滅、聖者自證

　　般若波羅蜜又稱勝慧、甚深空性、實相，羅睺羅對勝慧這個部分寫了一個讚頌文，讚頌甚深的空性，空性就是般若佛母。讚頌文是：「離言思詮勝慧到彼岸，不生不滅虛空本質性；各別覺性本自所行境，頂禮三時勝利者之母。」「勝慧到彼岸」就是勝慧波羅蜜，到彼岸就是波羅蜜，或者是「度」，六度的「度」，「度」的意思就是到彼岸，就是波羅蜜。波羅蜜是從梵文翻譯過來的。羅睺羅所寫的頌文「離言思詮勝慧波

羅蜜」，不能用話語去說明，不能用內心去思惟，不能用任何的理論做解釋說明，這到底是什麼呢？就是「勝慧到彼岸」、勝慧波羅蜜，就是般若佛母。

「不生不滅虛空本質性」，不能用言語解釋說明，不能用內心思惟，那它到底有什麼性質呢？它是不生不滅的。講到甚深空性，究竟實相的部分，是離開生、住、滅，所以是不生不滅。我用一個淺顯的比喻來講，「不生不滅虛空本質性」，就好像天空的性質一樣。這樣的勝慧波羅蜜要怎麼能夠認識呢？所以「各別覺性本自所行境」，即聖者自己在進入聖者地的時候，即進入等持禪定的時候，在等持禪定產生的本然智慧，這個本然智慧可以看到的，「各別覺性本自所行境」，他能夠看到的對境，這麼深奧的空性，究竟的實相，是一切諸佛之母。所以「頂禮三時勝利者之母」，勝利者之母就是佛母，般若佛母，所以頂禮甚深空性般若佛母。

把經集攝在一起的《集攝經》云：「某時對境不生了悟時，此時心意離生滅。」「某時對境不生了悟時」，當我發現對境不生、不住、不滅這一點，我什麼時候了悟對境不生不滅，心本身也就離開了生滅。就生、住、滅三者而言，了解對

境是這個樣子，有境也是這個樣子，這時對境、有境都離開了生、住、滅，這時就是這裡所提到的「一切執著相」，對於對境執著的方式已經完全斷除了，這個時候就是了悟甚深實相空性的時候。

究竟實相──遠離四邊

　　《四百論》云：「非有、非無、亦非二、亦非非二」，這是《中觀》善巧的見地。應當如此來了悟，這個是法性的實相，不能說是有，也不能說是無，也不能說它二俱，也不能說亦有亦無，也不能說非有非無兩個合在一起。所以說二有也不是，二無也不對，不是有也不是無，也不是二有也不是二無，這個就是遠離四邊。遠離四邊是法性實相的意義。

　　《中觀》善巧的見地，就是講遠離四邊，因此應當要如此來了悟《中觀》的見地。法性的意義是遠離四邊，如果一切萬法的法性，法性的究竟實相，法性的意義是遠離四邊，照道理說，有境本身應當遠離四種執著，不能執著是有，也不能執著是無。法性本身既然是非有非無，非二有也非二無的話，執取對境本身的這個有境本身，也不應該有這四種執著，執著是

有、是無，這也不對。所以只要什麼時候還有四邊執取的任何一種方式，就表示這個有境還沒有了悟甚深中觀的意義，也還沒有證悟甚深法性的意義。

　　只有這種四邊的執著細而微細完全消滅時，就是這裡所提到的「斷除一切執著相」，對於對境的執取，它是有、它是無，這些執取──四邊的執取，細而微細的已經完全斷滅時，這個人對於中觀甚深空性的意義，法性實相的見地究竟抉擇，便已到達徹底圓滿了。

現證

　　如果這種見地抉擇、意義抉擇已經徹底圓滿，便說這個人已經了解法性，已經有證悟了；如果以現實地、直接的方式證悟，就說這個人是「現證」。

究竟實相──超越言語思惟

　　當我們經由聞、思、修來分析思惟甚深空性的時候，當然都是用教言的方式、邏輯推理的方式來抉擇。但是當對於法性──究竟實相，用「教」和「理」來抉擇時，不論用教言也

好，或用推理也好，實際上是內心的分別思惟。

　　內心的分別思惟，所能夠了解的空性，只是了解了它類似的部分、外相的部分，僅僅如此而已。因為正式的甚深空性、究竟實相，是超越了教言，超越了邏輯推理，超越了內心思惟和言語詮釋，不是用一個造作的心所能夠了悟的。甚深實相超越我們的分別心。我們的分別心去思惟，抉擇甚深的實相空性說：「哦！空性是這個樣子，是那個樣子。」只要心裡面有所思惟，思惟它是這個樣子，是那個樣子，這種思惟都是屬於分別心。

　　但究竟實相是超越內心的分析思惟，究竟的空性是超越內心的思惟，超越了言語的說明。

究竟實相──遠離能、所二見

　　《寶性論》中提到：「法性實相的意義，離開了言語的分析說明，遠離一切的蓋障，也不是說我觀修它，就產生了任何的功德；也不是說要去成立什麼，要去破除什麼。如果這樣的話，法性實相的意義，我怎麼可以了解呢？所以對於純正的意義，如果能夠純正看到的話，就會得到解脫。」

　　純正的意義是指這個對象，不生不滅，所以非常的純正，沒有任何的改變。假設對於不生不滅的事物、純正的事物，要去看到它的話，內心本身應當是一個純粹的心。純粹的心是指心本身沒有生、住、滅的變化。如果萬法的實相、法性的意義，是沒有生、住、滅，那對境是如此，去看它的這個有境本身，也不應當有生、住、滅。所以這個有境本身，應當沒有任何的執取，對境執取都要完全的滅除，不能執取它是有、它是無。這樣的心本身應當是純正的、清淨的，沒有生、住、滅。如果對於實相的勝義、純正的意義，沒有生、住、滅的意義；如果能見對境的自己也沒有生、住、滅去看它，就會遠離「能見」和「所見」（即能看到者——主體，所看到者——客體），兩邊沒有「能見」和「所見」的差別。兩邊都沒有「能見」和「所見」差別的看法時，就是正確的看法，就能正確地看到甚深空性的意義。因為正確看到甚深空性的意義之故，就會得到解脫。

無法思言的萬法實相

　　《文殊請問經》記載著一個故事，有一天文殊請教釋迦牟

尼佛：「一切萬法的實相是如何呢？」當他問這個問題時，許多眷屬全部在一起，佛進入等持禪定之中就入定了，入定之後沒有回答。其他的眷屬就懷疑了，佛陀的主要弟子是文殊，文殊問了「萬法實相是什麼？」這個問題，可是佛陀卻進入了禪定之中沒有回答。爲什麼呢？到底萬法實相的意義是什麼呢？很多人就開始猜測了。這時，文殊立刻了悟了，萬法的實相是「離言思詮」，也就是離開言語的說明、理論的解釋、內心的思惟，萬法的實相空性就是如此。

　　如果那個時候釋迦牟尼佛回答：「哦！空性是這個樣子，空性是那個樣子。」就表示空性不是離言思詮，是可以用言語說明，也可以用內心思惟，思惟之後可以用理論來解釋說明，那就表示佛陀沒有了悟空性。因爲空性竟然可以用言語說明、詮釋和思惟，那不是正確的空性。所以佛陀沒有答覆，而是進入等持禪定之中，然後文殊就證悟了：哦！原來空性是這個樣子，因爲空性是離言思詮的，他就了悟了空性。這就表示甚深空性的意義就是這個樣子。

　　這裡提到「斷除一切執著相」，對於對境的執取完全斷除了，講的是對境本身是離言思詮。《入行論》中說：「勝義非

心境」，勝義不是內心行持的行爲活動，勝義諦不是內心要去活動的對境，不是內心所認識的對境。所以「非心境」的意思就是「斷除一切執著相」。不是我的內心可以去執取，對於對境不能進行執取，就是前面所講的「滅除一切所緣境」。對緣取對境，這些活動完全都消除了，這樣就是了悟了甚深空性，了悟了離言思詮。「斷除一切執著相」和「滅除一切所緣境」，這樣一個甚深的空性就得到了悟。

（五）中觀應成派不共的特色

接下來第五項，在抉擇見地方面應成派不共的特色，是下面這個頌文：

> 了知以現除有邊，以空遣除無有邊，
>
> 緣起性空顯現理，不爲邊執見所奪。

中觀應成派不共二諦的理論，是指遠離常、斷二邊不共的二諦。用這個不共的二諦，能夠斷除常、斷二邊。如果能夠做到這樣，任何邊執，執著常、執著斷，這種邊執再也不能動搖

正見，這是應成派不共的理論。

四部宗義

　　整體而言，內道有四部宗義，其中屬於共通乘門——說分別部、經部宗（或稱有部、經部），屬於不共乘門——唯識學派、中觀學派。

　　四部宗義裡，中觀又分成兩派：自續派與應成派。中觀之中針對逐漸實修的漸次者，所進行的教誡是中觀自續派；針對特別利根頓實者，頓時證悟的頓實者，所進行的教誡是中觀應成派。

　　應成派本身有一個不共的宗義，這不共宗義在四部宗義的其他派系中是沒有的。應成派有不共的二諦理論，以這個二諦理論斷除一切的常、斷二邊的執著，此頌文要談的就是有關這個內容。

　　一般而言，四部宗義都談到自己個別關於空性的理論，也都談到自己個別二諦的理論。所以四部宗義各部都有二諦的理論，根據自己二諦的理論，去斷除常、斷二邊，每個宗義都有各自不同的方式。這裡面所說的，以二諦來斷除常、斷二邊，

就是應成派自己不共的方式。

四法印

佛陀開示的四法印，稱之為「見地四法印」。因為是佛陀開示之故，凡是佛教徒都不能違背這個見地，也不能超越這個見地。見地四法印就是：「諸行無常，諸漏皆苦，諸法無我，涅槃寂靜。」有為法都是無常，有漏皆是苦，萬法空而且無我，涅槃是寂靜的。內道只要是佛教徒，不管任何派系，都不能違背這四個法印，都要符合印證這四項佛法的基本觀點，所以稱之為法印即是這個原因。

這四法印都是見地上所談到的，又稱之為見地四法印。因為都要承認見地四法印，所以見地四法印其中一項就是：「萬法空而且無我。」說分別部、經部宗義討論空性，就是根據佛陀所講的這句話：「萬法空而且無我」，來闡述自己空性的理論。但是他們所闡述空性的理論，跟唯識宗、中觀宗所講的不同，所以各部宗義都有自己不共空性的理論。

共通斷二邊

　　一般來講，用二諦理論解釋二諦之後，來斷除常、斷二邊。常邊和斷邊要去除，這個在內道宗義裡都有解釋。可是怎麼斷除常、斷二邊呢？各部宗義的解釋方式都不同。但是因為前面佛陀四法印講的「萬法空而且無我」之故，所以每個宗義都共通承認，不能有常邊、斷邊，常邊、斷邊都要去除。

　　可是什麼叫做去除常邊？什麼叫做去除斷邊呢？每個宗義的解釋都不一樣。每個宗義所要破的一定是常邊和斷邊，這是共通承認的，至於怎麼破除呢？四部宗義的解釋都不一樣，這是四部宗義裡面教法的情況。

其他宗派斷二邊

　　除了應成派之外，其他的派系怎麼斷除常、斷二邊呢？首先已承認「有」，承認存在，以有、存在來去除世俗諦的斷邊，還有以勝義空性來斷除有邊。這是應成派以下其他宗義都是如此來解釋的。因為萬法「有」之故，所以不落入斷邊，不是無，把斷邊去除掉；又因為勝義空性之故，所以不落有邊，

把有邊去除掉，常邊去除掉。

不過應成派不是這樣子解釋，在這裡，應成派自己不共的解釋，就是這個句子所談到的，說明應成派自己不共的二諦，斷除常、斷二邊的方式。

應成派斷二邊的見解

「了知以現除有邊，以空遣除無有邊，緣起性空顯現理，不爲邊執見所奪。」要用顯現來去除有邊，用空來消除無邊。這是應成派不共的見諦，不像前面其他的宗義所談到的。應成派如何斷除常、斷二邊呢？「以現除有邊」，用「所顯」來斷除有邊，這是什麼意思呢？所顯就是緣起萬法，而非實有，因爲緣起萬法形成之故，所以把有邊、常邊斷除。假設萬法是恆常，就不會是緣起；既然是緣起，就不是常。所以以所顯來斷除有邊、常邊。如果是因緣和合的緣起，就不會是恆常的存在，所以以所顯緣起的這個部分，把有邊、常邊滅掉。

但是「以空遣除無有邊」，以空性消除無這一邊。因爲如果一切都是空無的、空空洞洞的，則不會是空性。我們不是講「色即是空」嗎？如果是空空洞洞什麼都沒有，便不能說是空

性，爲什麼？因爲所顯現出來的色，我說這個色法是空性，既然是空無的，爲什麼會顯現出色法呢？正因爲是空性的緣故，就表示不是空無的。所以以空性做爲道理，可以去除斷邊。斷就是空空的什麼都沒有，因爲是空性之故，但是當然不會是空無的什麼都沒有；假設空空洞洞什麼都沒有，便不能說是空性，所以因爲是空性之故，所以不會是空無的。因此前面所講，以所顯來斷除常邊、有邊，後面再用空性來斷除無邊。所以緣起、空性要雙運結合在一起，緣起的顯現和空性一定要雙運結合，這就是應成派不共的主張。

空性和緣起雙運結合在一起，「緣起性空顯現理」這樣的見地說明，即空性和緣起雙運的見地如果證悟，則了悟了應成派的見地。這個證悟的人，「不爲邊執見所奪」，這些執著常邊、執著斷邊見地不能使他動搖，也就是不會墮入邊執的意思。所以他的證悟、了解，不會再墮入邊執的見地之中。應成派不共的方式，是用顯分的部分來斷除有邊、常邊，用空性的部分來斷除無邊。

應成派的不共二諦

　　《入中論》也談到應成派不共二諦的理論，說：「二諦俱無自性故，彼等非斷亦非常。」二諦無自性、無生滅。世俗諦和勝義諦，即使是二諦本身，也沒有自性存在，也沒有生、住、滅的變化。因為沒有自性存在，沒有生、住、滅之故，當然不落入常邊，也不落入斷邊。以這個方式來遣除常、斷二邊，這裡要說的是緣起空性雙運的道理，緣起所顯和空性要結合在一起，不能分開。所以緣起空和雙運的理論，就是應成派不共的理論，用緣起空來遣除常、斷二邊。

其他宗派

　　除了應成派之外，其他的派系，或一般的宗教一定落入常邊或是斷邊。譬如印度的宗教順世派，落入斷邊，不能像應成派一樣遣除二邊。內道其他的宗義當然不會像外道一樣，墮入粗糙的常、斷二邊。可是從應成派去看，應成派以下的宗義，即下宗義，都墮入細分的常、斷二邊。是很細、很細的常、斷二邊，不是真正的把常、斷二邊遣除乾淨。把細分的、細而微

細，微細的常、斷二邊遣除得乾乾淨淨的只有應成派，前面講的是不共二諦的理論。

　　舉「說分別部」爲例，說分別部是內道，不是外道。說分別部是佛教宗派，但是它如何用二諦的理論來遣除常、斷二邊呢？說分別部主張《俱舍論》裡面談到：「毀滅或用心把對境個別分開，就能消滅、去除對對境的認識，對對境的認知消失不見的話，就是世俗諦；相反的就是勝義諦。」譬如瓶子或是水等，這是說分別部對二諦的主張，以這個二諦的主張去滅除常、斷二邊。所以說分別部主張的二諦，是說把對象消滅毀壞時，或者是用我的理智把它個別分開時，對於它的認識就不能夠再進行，這是世俗諦；相反的話就是勝義諦。

　　所以這個二諦的理論，把粗分的執著，粗分的部分是空性，已經滅掉了；但是細分的部分，細分的執著沒有滅掉，爲什麼？因爲說分別部主張最後諦實成立，勝義諦的部分，無方分的極微，不能再由東西南北的哪一方再分割極微；無細分的心識，細分到原子、分子、無細分，不能再分爲一刹那、一刹那的心識。所以無方分的極微和無細分的心識，是諦實成立，是存在的。所以外境粗糙的部分沒有，把有邊斷除了；可是細

分的部分卻是諦實成立的，不能遣除無邊。這個細分的部分，物質分割，分割到最細無方分的極微，心識分割到最細無細分心識，這個部分是成立的，它是實體，是諦實成立的，所以不能去抉擇出究竟的空性，就落入常邊。

說分別部已遣除斷邊了。因為我們所看到的這些事物，全部都沒有粗糙的這個部分，所以把有邊去除了；可是最後最後，最細的部分是實體，仍然是存在的。所以粗糙的部分雖然斷除了，細分的部分沒有斷除，還落入細分的常邊，還不能消滅。所以不能抉擇究竟的空性，分析到最後，還有諦實成立的部分存在，細而微細，就是無方分的極微和無思分的心識。這是說分別部的理論。

所以應成派不共二諦的理論，是空、緣起雙運的見地，以空、緣起雙運的見地，能夠遣除常、斷二邊，當然是屬於甚深的見諦。

第四章

結　行

　　最後的結行是勤勉得到定解之後，要努力做實修。這是最後一個頌文：

> 如是三主要道論，自己如實通達時，
>
> 當依靜處而精進，速修永久之佛果。

　　「如是三主要道論」，我們前面講了出離心、菩提心、空性正見，做了抉擇，解釋說明，把這三種主要道路所有的關鍵要點，「自己如實通達時」，自己已經如理如實完全都了解了。因為前面自己廣大的做聞、思、修，對主要三道聽聞產生聞所生慧，思惟產生思所生慧，已經完全得到定解，已經毫無懷疑，已經完全了解了。自己要如理如實完全了解，最重要的就是要觀修、要禪修。禪修時應當徹底捨棄世俗的一切，「當依靜處而精進」，依止在寂靜的地方，以自己精進之心趕快做實修。為什麼呢？因為「速修永久之佛果」，我們究竟所要追求的目標是無上佛果。透過實修這主要三個道路，究竟所求就會成功，究竟所求的佛果目標就會達成，所以一定要趕快努力去做。以後的學習者，就是我們，大家要趕快去做。

「當依靜處而精進」，是指對於前面聽聞的部分已經完全了解，之後思惟意義做一個抉擇，也得到了定解。已經完全確定了解這個意義，接下來就要做觀想實修了。觀想實修的時候一定要依靜處來進行，不僅在禪修時應當要依止靜處、蘭若，即使在聽聞思惟時也要依止靜處來做聽聞思惟。「靜處」這個字在藏文裡面是遠離的意思，中國古代翻譯成「蘭若」，本意是森林，引申爲寂靜處、遠離處。遠離是什麼意思呢？身遠離吵雜喧嘩，語遠離言語聊天，心遠離分別妄念。所以禪修的處所應當要在遠離世俗吵雜繁華的靜處，言語應當要遠離講話聊天，貪、瞋、癡等世俗的事情，世間八風的事情，都不要去談論，無益的事情也不需去理會。身體遠離吵雜，遠離世俗八風的事情，捨棄世俗的一切；在言語上不要去聊這些貪、瞋、癡等沒有意義的事情；內心不要去思惟世俗的事情，將分別妄念去除。所以，身、語、意三門的遠離才算是蘭若。

　　但若要依止蘭若、靜處，應該怎麼做呢？一個重要的觀念，即釋迦牟尼佛的開示：「少欲知足」，只有少欲知足才能住在寂靜處。捨棄世俗的事情，之後少欲知足，這樣才可以依止在蘭若。所以身、語、意三門遠離——身遠離吵雜，語遠離

言語，心遠離分別妄念，遠離之後要依賴於主要三道，即出離心、菩提心、空性正見，這樣來做聞、思、修，在這三方面精進努力，究竟所學就會很容易實現。

　　這裡提到「當依靜處而精進」，「精進」是指內心喜悅。前面提到的三門遠離之後，在聞、思、修方面努力學習三個主要道路，內心感到非常的快樂喜悅，才算是六度波羅蜜，這便是大乘所談到的精進。內心若沒有渴求之心，是被別人勉強，毫不情願的去做，不能稱之為精進，只是頑固而已，頑固堅持不符合精進的定義。

佛法順緣條件的聚合

　　我們仔細的思惟一下，內心一定會產生強烈的喜悅之心，為什麼？因為世間之中難以得到的暇滿人身寶，我們已經得到了；難以遇到的佛陀純正的正法，我們已經遇到了；難以拜見的具德上師、善知識，我們已經拜見了。除此之外，還得到出家、專心實修佛法的機會；不僅如此，在那麼多的出家人之中，能夠努力做聞、思、修，聽聞到這個殊勝的教法，那真是

少之又少。所以當自己這些順緣都完全齊備，還有一個寂靜蘭若可以好好做實修，在這裡聽聞、實修最爲殊勝的教法，這種情況絕不是偶然發生、憑空得來的；這一定是久遠的宿世，以前廣大的積聚資糧、淨除罪障，還有上師大悲攝受等多種條件聚集，才有這樣千載難逢的機會。

利己利他的暇滿人身寶

至尊仁波切宗喀巴說：「暇滿人身較勝如意寶。」暇滿的人身寶比如意寶珠還要珍貴。爲什麼？因爲如意寶珠頂多只能讓我這輩子財富無缺，除此之外，能不能讓我得到解脫一切智的果位？得到究竟的安樂？不行。但是暇滿人身寶不僅讓我自己能夠得到解脫，得到一切智的果位，還能夠去利益眾生，使眾生也得到解脫一切智的果位。

所以在利益自己和利他方面都能究竟圓滿，條件、能力、威力全都圓滿齊備，就是暇滿人身寶。自己得到暇滿的人身寶，又能聽聞殊勝的教法，還能在這個蘭若中學習，那一定是以前累積了非常殊勝、廣大的福報，除此之外不可能有這種機

會。所以我們仔細想想，內心一定會非常喜悅、快樂的來學習教法。就像前面所提到的暇滿人身的段落一樣，內心自然會產生強烈的喜悅，來學習這個難得殊勝主要三道的口訣。

　　這裡提到「速修永久之佛果」，對究竟的所求、永久的果位來說，我們現在有這麼好的機會能夠依賴三主要道來做實修，應當要趕快去做。因為下輩子還想要有這麼好的順緣條件，要得到人身寶、遇到佛法、有蘭若，又有主要三道，幾乎是不可能的。所以我們應當珍惜這輩子就這麼一次的機會，不要浪費，也不要忽視，應該在這個時候趕快努力的做實修。

珍惜現生

　　有一天一位新聞記者問了我一個問題：「您一生之中最高興的事情是什麼？」我馬上毫不猶豫的回答：「出家。」出家是我一生之中最快樂的事情，因為一輩子能夠做實修，遇到上師、善知識，這種喜悅是無法言喻，是無量無邊的。所以仔細的想一想，自己有實修佛法的機會，在實修佛法的機會之中，又出家做實修，而且實修的法是純正的法，而不是錯亂的法，

然後遇到具德的上師，這些條件真是千載難逢，一定是廣大的福報累積所形成的，這是最為喜悅、最為快樂的事情。所以我們一定要珍惜暇滿人身寶，使它有意義，不要白白浪費。

佛陀在《分別解脫經》講了這麼一句話：「具壽！老病速來，聖教衰弱，常應正念正知。」（具壽，長輩對晚輩稱之，佛陀稱呼出家的弟子眾們，具有世間壽命及法身慧命之義。）佛陀告訴弟子：「生老病死都會很快地發生，有一天一定會死亡。即使是佛陀的聖教，也會有各種各類的變化，有一天會衰弱，也會滅亡。因此一定要經常依止正知與正念，對於佛陀的聖教常常的實修、聽聞，好好的精進努力是非常重要的。」

《俱舍論》裡面世親也特別對出家眾做一個教誡：「大師世眼久已閉，堪為證者多散滅；不見真理無制人，由鄙尋思亂聖教。自覺已歸勝寂靜，持彼教者多隨滅；世無依怙喪眾德，無鉤制惑隨意轉。既知如來正法壽，漸次淪亡如至喉；是諸煩惱力增時，應求解脫勿放逸。」導師已不在世間，進入涅槃已久矣；傳承的祖師也會進入圓寂涅槃，佛陀時代的七代護法上師，之後南贍部洲二聖六莊嚴，都會進入滅亡。因此，對於佛法的道理，如果隨隨便便的學習，以致產生分別妄念，去做各

種顛倒錯亂的解釋，這便是導致佛教滅亡的原因。

在現在這個末法時代，佛陀聖教教言、證悟兩種教法，沾染到一些雜質，使得佛法進入衰沒的時代，也就是我們現在這個時代。佛陀教法出家僧眾一定要努力做實修，保護並發揚佛陀的教法，不要使佛法受到破壞。

以前印度那爛陀佛學院有五百位大博士、大成就者，但是現在那爛陀佛學院只剩下房子的地基。後來內道佛教在南方泰國、斯里蘭卡傳揚開來，從南方傳到了東方中國和北方西藏，逐漸的傳到西方。這就表示以前有很多的佛學大博士、大成就者，他們愛教如命，把佛陀的聖教看得比自己的性命還重要，以這種熱忱來保護和發揚佛法。還有歷代的許多國王貴族也很重視佛教，這樣的往聖先賢、出家聖眾很多，使得佛教如日中天，得以廣大的流傳。

維繫清淨法教

但是現代這個五濁惡世的時代，佛教已逐漸衰沒了。究其原因，有一些人不是佛教徒，對佛教不相信，因為有邪見而批

評毀謗佛教，這是一個原因。不過特別是已進入佛教學習佛法的弟子，說自己是佛教徒，有能力保護和發揚佛法，但是任意解釋之後，導致一些雜質參雜在佛法裡面，使得佛法沒落，這也是有的。

所以在能仁佛陀聖教衰沒的這個時代，佛教因參雜到許多的雜質而逐漸沒落，我們有必要好好的了解情況。因此熱切追求解脫的弟子，對於佛教要好好保護、維持和發揚，這是內道佛教弟子的責任，特別是出家弟子的責任。在這個時候應當不要放逸，對於佛陀聖者的教言要非常的謹慎小心，去做維持、保護和發揚的工作，這是世親對我們的告誡。如果對於內道佛教的派系以偏袒之心，來做佛教維持、保護和發揚的工作，這就不對了。正確的做法是，應當使整體內道的佛教在世界上能夠安住，並且廣大的流傳。

為什麼佛法在現代更重要？

為什麼要使整體內道的佛教在世界上能夠安住，並且廣大的流傳呢？因為這對世人、對眾生都有利益。佛教的發揚不僅

能夠達成世界和平，對於六道所有眾生也都有利益。對他人的利益不是小小的利益，而是能夠使他們在究竟上徹底脫離一切的痛苦，得到究竟安樂的果位。這種甚深究竟的方法，就是佛陀所開示的聖教。

因此應當以正念和正知，努力的做好維持、保護和發揚佛法的工作。特別是在現代二十一世紀，內道佛法更是十分重要，而且利益更加廣大。現在這個世界是外在物質、科學、機器都非常發達的時代，特別是武器威力十分強大，所以眾生的內心會更加的煩悶、痛苦，這個時候如果做實修，成效馬上立竿見影，立刻就會出現。

對其他宗教的態度

這並不是說只有內道佛教有這種利益，其他的宗教就沒有利益、沒有用處。一般來講，所有的宗教對眾生皆有利益，只是能力大小程度上的不同而已，所以對於其他宗教也應當重視、尊敬，彼此互相幫助，不應毀謗。若能做到這樣，是非常好的。

宗教在利益眾生方面，可能有暫時的利益、究竟的利益，或者大的利益、小的利益等差別，但就對利益眾生而言，應當都是有幫助的。

什麼才算是弘揚佛法？

　　如果要保護、維持和發揚內道佛教，首先應該要先認識清楚什麼是佛教？這很重要。如果不能認識清楚什麼是聖教、什麼是佛教，便談不上用什麼方法去維持、保護和發揚。

　　如何認識佛陀聖教呢？又如何認定是佛陀聖教呢？關於佛陀聖教的解釋，世親菩薩講得非常清楚，《俱舍論》的四句頌文：「佛正法有二，謂教、證為體，有持說行者，此便住世間。」論曰：「世尊正法，體有二種：一教，二證。教謂契經、調伏、對法；證為三乘菩提分法。有能受持及正說者，佛正教法便住世間；有能依教證修行者，佛正證法便住世間。」

　　佛陀的聖教只有分成兩項，就是教言的教法和證悟的教法，能持行這兩種方式，佛教正法就住世間。教言的教法就是佛語和三藏典籍，佛陀親口所說的是佛語，論典是後代佛學博

士所寫的，這是屬於教言之法。證悟之法是戒、定、慧三學，因為佛陀所開示的典籍，佛語和論典所要詮釋的宗旨就是戒、定、慧三學。所以教言之法是經、律、論三藏，所要詮釋的宗旨是戒、定、慧三學，所以戒、定、慧三學是屬於證悟之法。那教言之法，經、律、論三藏如何去弘揚呢？要靠講說，也就是靠上師、善知識來解釋說明。善知識講說，弟子聽聞，用講說和聽聞的方式來弘揚教言之法，然後用聞、思、修的方式來推廣弘揚證悟之法。

　　關於證悟之法，凡是做實修，就是發揚證悟之法。如果講說、聽聞的話，那就是來發揚教言之法，就是經、律、論三藏部分。所以世親菩薩談到的，首先要先辨明清楚什麼是聖教？聖教的定義是什麼？弘揚的方式是什麼？

　　除此之外，蓋大殿、佛堂、設經像塔，這是弘揚佛法的順緣而已，因為這是我們弘揚佛法積聚資糧、淨除罪障的一個對境。譬如畫佛陀的佛像，能幫助我隨念觀想佛陀，當作我供養的對象，因此我能夠積聚資糧。為什麼要有佛堂大殿呢？因為我學習佛法時，需要有一個場所。這些只是外在的條件順緣，不能納入聖教裡面。所以我們如果能好好的講說經論，好好的

做聽聞，就是在弘揚佛法。

現代的期望

　　我已經把主要三道的內容講解完畢，就我個人而言，能夠有外在的順緣，在寂靜蘭若處，跟各僧團、僧眾一起做聞、思、修，學習佛法，相信因此積聚了廣大的福報，而且這是對佛陀聖教恭敬承事，所以我內心感到非常的喜悅。各位聽聞者都對佛法非常的重視，有很強烈的信心，也很精進，非常的謝謝大家。

　　現在這個時代，佛陀聖教有一點沒落，大家對於佛法並沒有很強烈的重視和追求，這就表示現在的時代對於佛法尊敬程度是不夠的。雖然學習佛法的人很多，但是純正清淨的做實修，成為佛學大博士、大成就者少之又少。當然「法」還是以前往聖先賢所學的「法」，和現在學的法都是一樣的。但是內心追求、重視、熱切、尊敬的程度不一樣，所以雖然實修者、學習者很多，但成為佛學大博士、大成就者卻很稀少。因為內心不夠重視，所學的法在內心便無法發揮很大的威力，不能使內心成熟。但是現在在座的各位對於佛法都有強烈的重視、追求和尊

敬，因此我感覺到佛法能夠非常好的安住在世界上。相信未來在座的各位一定能夠廣大的利益佛教，特別是廣大的利益眾生。對於這一點，我抱著強烈的期望，也相信確實會這個樣子。

　　現在我把主要三道講解完畢之後，希望大家不要就此把它擱著。應當好好的把講解的內容記在心裡，內心不斷地聞、思、修，這樣一定會對內心產生很大的利益。如果大家方便做實修的話，由寺廟的大師父來帶領，也許可以安排七天來禪修出離心，把這些偈頌好好的記住，反覆的背誦。以同樣的方式修菩提心七天，再來修空性正見七天，這樣不斷的串習，將來會非常的好。這是一個意見，實際上，大家對主要三道的內容都非常了解，可以說我需要對大家解釋的地方幾乎是沒有的，只能說我們互相討論，對佛法的認識交換一下意見。也希望這次機會是一個好的緣起，未來大家還有互相討論佛法的機會，非常謝謝大家。

處理佛書的方式

　　佛書內含佛陀的法教，能令我們免於投生惡道，並且為我們指出解脫之道。因此，我們應當對佛書恭敬，不將它放置於地上、座位或是走道上，也不應跨過。搬運佛書時，要妥善地包好、保護好。放置佛書時，應放在乾淨的高處，與其他一般的物品區分開來。

　　若是需要處理掉不用的佛書，就必須小心謹慎地將它們燒掉，而不是丟棄在垃圾堆當中。焚燒佛書前，最好先唸一段祈願文或是咒語，例如唵（OM）、啊（AH）、吽（HUNG），然後觀想被焚燒的佛書中的文字融入「啊」字，接著「啊」字融入你自身，之後才開始焚燒。

　　這些處理方式也同樣適用於佛教藝術品，以及其他宗教教法的文字記錄與藝術品。

JB0074	突破修道上的唯物	邱陽・創巴仁波切◎著	320 元
JB0075	生死的幻覺	白瑪格桑仁波切◎著	380 元
JB0076	如何修觀音	堪布慈囊仁波切◎著	260 元
JB0077	死亡的藝術	波卡仁波切◎著	250 元
JB0078	見之道	根松仁波切◎著	330 元
JB0079	彩虹丹青	祖古・烏金仁波切◎著	340 元
JB0080	我的極樂大願	卓千拉貢仁波切◎著	260 元
JB0081	再捻佛語妙花	祖古・烏金仁波切◎著	250 元
JB0082	進入禪定的第一堂課	德寶法師◎著	300 元
JB0083	藏傳密續的真相	圖敦・耶喜喇嘛◎著	300 元
JB0084	鮮活的覺性	堪千創古仁波切◎著	350 元
JB0085	本智光照──功德寶藏論　顯宗分講記	遍智　吉美林巴◎著	380 元
JB0086	普賢王如來祈願文	竹慶本樂仁波切◎著	320 元
JB0087	禪林風雨	果煜法師◎著	360 元
JB0088	不依執修之佛果	敦珠林巴◎著	320 元
JB0089	本智光照──功德寶藏論　密宗分講記	遍智　吉美林巴◎著	340 元

橡樹林文化 ❖❖ 成就者傳記系列 ❖❖ 書目

JS0001	惹瓊巴傳	堪千創古仁波切◎著	260 元
JS0002	曼達拉娃佛母傳	喇嘛卻南、桑傑・康卓◎英譯	350 元
JS0003	伊喜・措嘉佛母傳	嘉華・蔣秋、南開・寧波◎伏藏書錄	400 元
JS0004	無畏金剛智光：怙主敦珠仁波切的生平與傳奇	堪布才旺・董嘉仁波切◎著	400 元
JS0005	珍稀寶庫──薩迦總巴創派宗師 貢嘎南嘉傳	嘉敦・強秋旺嘉◎著	350 元
JS0006	帝洛巴傳	堪千創古仁波切◎著	260 元

橡樹林文化 ❖❖ 蓮師文集系列 ❖❖ 書目

JA0001	空行法教	伊喜・措嘉佛母輯錄付藏	260 元
JA0002	蓮師傳	伊喜・措嘉記錄撰寫	380 元
JA0003	蓮師心要建言	艾瑞克・貝瑪・昆桑◎藏譯英	350 元
JA0004	白蓮花：蓮師七句祈請文闡釋	蔣貢米龐仁波切◎著	260 元
JA0005	松嶺寶藏：蓮師向空行母伊喜・措嘉開示之甚深寶藏口訣	蓮花生大士◎著	330 元

善知識系列　JB0090

三主要道論——出離心、菩提心、空性正見

造　　　論／宗喀巴大師
講　　　解／堪布慈囊仁波切
責 任 編 輯／丁品方
業　　　務／顏宏紋

總　編　輯／張嘉芳
出　　　版／橡樹林文化
　　　　　　城邦文化事業股份有限公司
　　　　　　104 台北市民生東路二段 141 號 5 樓
　　　　　　電話：(02)25007696　傳眞：(02)25001951
協 力 出 版／中華民國藏傳顯密菩提三乘林佛學會
　　　　　　台北市中山北路二段 72 巷 6 號 4 樓
　　　　　　電話：(02)25212359　傳眞：(02)25213769
發　　　行／英屬蓋曼群島家庭傳媒股份有限公司城邦分公司
　　　　　　104 台北市民生東路二段 141 號 2 樓
　　　　　　客服服務專線：(02)25007718；(02)25001991
　　　　　　24 小時傳眞專線：(02)25001990；(02)25001991
　　　　　　服務時間：週一至週五上午 09：30 ～ 12：00；下午 13：30 ～ 17：00
　　　　　　劃撥帳號：19863813；戶名：書虫股份有限公司
　　　　　　讀者服務信箱：service@readingclub.com.tw
香港發行所／城邦（香港）出版集團有限公司
　　　　　　香港灣仔駱克道 193 號東超商業中心 1 樓
　　　　　　電話：(852)25086231　傳眞：(852)25789337
　　　　　　E-mail：hkcite@biznetvigator.com
馬新發行所／城邦（馬新）出版集團
　　　　　　【Cité (M) Sdn.Bhd. (458372 U)】
　　　　　　41, Jalan Radin Anum, Bandar Baru Sri Petaling,
　　　　　　57000 Kuala Lumpur, Malaysia.
　　　　　　Tel: (603) 90578822
　　　　　　Fax:(603) 90576622
　　　　　　email:cite@cite.com.my

版面構成／歐陽碧智
封面設計／周家瑤
印　　刷／韋懋實業有限公司

初版一刷／ 2013 年 7 月
初版三刷／ 2022 年 1 月
ISBN ／ 978-986-6409-58-5
定價／ 280 元

城邦讀書花園
www.cite.com.tw

版權所有‧翻印必究（Printed in Taiwan）
缺頁或破損請寄回更換

國家圖書館出版品預行編目資料

三主要道論：出離心、菩提心、空性正見 / 堪布
慈囊仁波切講解. -- 初版. -- 臺北市：橡樹林文
化，城邦文化出版：家庭傳媒城邦分公司發行，
2013.07
　　面；　公分. --（善知識系列；JB0090）
　ISBN 978-986-6409-58-5（平裝）

　1.藏傳佛教　2.佛教修持

226.965　　　　　　　　　　　　　102010978

廣　告　回　函
北區郵政管理局登記證
北 台 字 第 10158 號
郵資已付　免貼郵票

104 台北市中山區民生東路二段 141 號 5 樓

城邦文化事業股份有限公司

橡樹林出版事業部　收

請沿虛線剪下對折裝訂寄回，謝謝！

橡｜樹｜林

書名：三主要道論──出離心、菩提心、空性正見　書號：JB0090

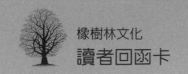

橡樹林文化
讀者回函卡

感謝您對橡樹林出版社之支持，請將您的建議提供給我們參考與改進；請別忘了給我們一些鼓勵，我們會更加努力，出版好書與您結緣。

姓名：＿＿＿＿＿＿＿＿＿＿＿＿＿＿　□女　□男　生日：西元＿＿＿＿＿＿年

Email：＿＿＿＿＿＿＿＿＿＿＿＿＿＿＿＿＿＿＿＿＿＿＿＿＿＿＿＿＿＿

● 您從何處知道此書？

　□書店　□書訊　□書評　□報紙　□廣播　□網路　□廣告 DM　□親友介紹

　□橡樹林電子報　□其他＿＿＿＿＿＿＿＿＿

● 您以何種方式購買本書？

　□誠品書店　□誠品網路書店　□金石堂書店　□金石堂網路書店

　□博客來網路書店　□其他＿＿＿＿＿＿＿＿

● 您希望我們未來出版哪一種主題的書？（可複選）

　□佛法生活應用　□教理　□實修法門介紹　□大師開示　□大師傳記

　□佛教圖解百科　□其他＿＿＿＿＿＿＿＿＿

● 您對本書的建議：

＿＿＿＿＿＿＿＿＿＿＿＿＿＿＿＿＿＿＿＿＿＿＿＿＿＿＿＿＿＿＿＿

＿＿＿＿＿＿＿＿＿＿＿＿＿＿＿＿＿＿＿＿＿＿＿＿＿＿＿＿＿＿＿＿

＿＿＿＿＿＿＿＿＿＿＿＿＿＿＿＿＿＿＿＿＿＿＿＿＿＿＿＿＿＿＿＿

＿＿＿＿＿＿＿＿＿＿＿＿＿＿＿＿＿＿＿＿＿＿＿＿＿＿＿＿＿＿＿＿

＿＿＿＿＿＿＿＿＿＿＿＿＿＿＿＿＿＿＿＿＿＿＿＿＿＿＿＿＿＿＿＿

非常感謝您提供基本資料，基於行銷及客戶管理或其他合於營業登記項目或章程所定業務需要之目的，家庭傳媒集團（即英屬蓋曼群商家庭傳媒股份有限公司城邦分公司、城邦文化事業股份有限公司、書蟲股份有限公司、墨刻出版股份有限公司、城邦原創股份有限公司）於本集團之營運期間及地區內，將不定期以 MAIL 訊息發送方式，利用您的個人資料於提供讀者產品相關之消費與活動訊息，如您有依照個資法第三條或其他需服務之務，得致電本公司客服。

我已經完全瞭解左述內容，並同意本人資料依上述範圍內使用。

＿＿＿＿＿＿＿＿＿＿＿＿＿＿＿＿（簽名）